essentials

essentials liefern aktuelles Wissen in konzentrierter Form. Die Essenz dessen, worauf es als „State-of-the-Art" in der gegenwärtigen Fachdiskussion oder in der Praxis ankommt. *essentials* informieren schnell, unkompliziert und verständlich

- als Einführung in ein aktuelles Thema aus Ihrem Fachgebiet
- als Einstieg in ein für Sie noch unbekanntes Themenfeld
- als Einblick, um zum Thema mitreden zu können

Die Bücher in elektronischer und gedruckter Form bringen das Expertenwissen von Springer-Fachautoren kompakt zur Darstellung. Sie sind besonders für die Nutzung als eBook auf Tablet-PCs, eBook-Readern und Smartphones geeignet. *essentials:* Wissensbausteine aus den Wirtschafts-, Sozial- und Geisteswissenschaften, aus Technik und Naturwissenschaften sowie aus Medizin, Psychologie und Gesundheitsberufen. Von renommierten Autoren aller Springer-Verlagsmarken.

Weitere Bände in der Reihe http://www.springer.com/series/13088

Fedor Ruhose

Die AfD vor der Bundestagswahl 2021

Wirkung – Perspektiven – Strategien

Fedor Ruhose
Das Progressive Zentrum e.V.
Berlin, Deutschland

ISSN 2197-6708 ISSN 2197-6716 (electronic)
essentials
ISBN 978-3-658-31225-1 ISBN 978-3-658-31226-8 (eBook)
https://doi.org/10.1007/978-3-658-31226-8

Die Deutsche Nationalbibliothek verzeichnet diese Publikation in der Deutschen Nationalbibliografie; detaillierte bibliografische Daten sind im Internet über http://dnb.d-nb.de abrufbar.

Planung/Lektorat: Jan Treibel
Springer VS ist ein Imprint der eingetragenen Gesellschaft Springer Fachmedien Wiesbaden GmbH und ist ein Teil von Springer Nature.
Die Anschrift der Gesellschaft ist: Abraham-Lincoln-Str. 46, 65189 Wiesbaden, Germany

Was Sie in diesem *essential* finden können

- Hier wird nachvollzogen, wie sich die Alternative für Deutschland in ihrer ersten Wahlperiode im Bundestag verändert hat und wie sie in die Gesellschaft hineinwirkt.
- Es wird ein Bild der internen Dynamik in der Partei gezeichnet und beschrieben, welche Besonderheiten die Wählerschaft der AfD kennzeichnen. Daran anschließend wird die strategische Lage der AfD vor der anstehenden Bundestagswahl dargestellt.
- Wie sich die Corona-Krise, die Deutschland ein Jahr vor der Bundestagswahl 2021 auf den parteiförmigen Rechtspopulismus im Land auswirkt, hängt von vielen Variablen ab. Hier sollen sowohl ein Überblick gegeben als auch Elemente einer möglichen Strategie für den Wahlkampf der AfD abgeleitet werden.
- Dieser Text befasst sich zudem mit der möglichen Entgegnung der etablierten Parteien auf die AfD im Umfeld des Bundestagswahlkampfs. Dafür wird ein Vorschlag für eine zielführende strategische Ausrichtungen unterbreitet.

Einleitung

Die AfD ist Symptom, Profiteur und Beschleuniger der gesellschaftlichen Polarisierung in Deutschland. Die „zerrissene Republik" (Butterwegge 2019) ist zunehmend von Unterschieden und Auseinandersetzungen geprägt. Der Dialog zwischen den unterschiedlichen politischen Positionen ist nahezu zum Stillstand gekommen (Hartl und Faus 2020, S. 12). Die Unterschiede waren im Augenblick der Corona-Krise nur scheinbar verschwunden und kommen werden nun durch die sich abzeichnenden sozialen und wirtschaftlichen Folgen des gesellschaftlichen „Lockdown" wieder sichtbar.

Die AfD ist Ausdruck dieser Krise unseres Zusammenlebens und befeuert gleichzeitig die Spaltungen durch ihre politischen Provokationen (vgl. dazu Ruhose 2019, S. 12). Bei der anstehende Bundestagswahl 2021 ist eine andere Auseinandersetzung mit der Partei zu erwarten als im Jahr 2017. Dies resultiert daraus, dass die AfD sich noch einmal verändert hat. Es hat gleichzeitig damit zu tun, dass sich unsere Gesellschaft weiter verändert hat. Allein die Unsicherheit der Unionsparteien im Jahre 2018 hat viel dazu beigetragen, dass sich die AfD im politischen Diskurs festgesetzt hat. Gleichzeitig führte die politische Professionalisierung der „Alternative" dazu, dass sie sich im politischen Wettbewerb strategisch positionieren konnte. Verdeckt von der aktuellen Eskalation interner Machtkämpfe und den vermeintlichen Abgrenzungsbestrebungen nach rechts außen ist eine Partei entstanden, die – wenn auch noch als Zweckbündnis – mehrheitlich gewillt ist, als Einheit aufzutreten. Das sollte bei aller innerparteilichen Dynamik nicht aus dem Auge gelassen werden. Vor diesem Hintergrund beschäftigt sich diese Arbeit mit der aktuellen Lage der Partei, den Machkämpfen und den Einschnitten, zu denen die Corona-Pandemie im Jahr 2020 bei der AfD führt. Dabei wird auch gefragt, welche Schlüsse sie aus ihrer eigenen Corona-Krise (Ruhose 2020) mit Blick auf ihre Bundestagswahlstrategie zieht.

Inhaltsverzeichnis

Über den Autor

Fedor Ruhose ist Policy Fellow des Think Tanks „Das Progressive Zentrum" in Berlin. Hauptberuflich ist der Diplom-Volkswirt Geschäftsführer der SPD-Fraktion im Landtag Rheinland-Pfalz. Davor hatte er verschiedene Positionen in den Leitungsstäben des Ministeriums für Wirtschaft, Verkehr Landwirtschaft und Weinbau sowie des Ministeriums für Soziales, Arbeit, Gesundheit und Demografie des Landes Rheinland-Pfalz inne. Im Springer VS Verlag erschien von ihm „Die AfD im Bundestag – Zum Umgang mit einem neuen politischen Akteur" (2019).

Wirkung

Die Alternative für Deutschland ist im Jahr vor der Bundestagswahl im Jahr 2021 im Bundestag, im Europäischen Parlament und allen Landesparlamenten in Fraktionsstärke vertreten. Über 300 Abgeordnete vertreten die Inhalte der Partei in allen Parlamenten und wirken über ihre Funktionen unmittelbar in die Gesellschaft und das Zusammenleben ein. Mit heute noch 89 Bundestagsabgeordneten ist sie im Jahr 2017 nahezu aus dem Stand stärkste Oppositionsfraktion geworden. Was der Partei noch fehlt ist eine breite kommunale Verankerung. Die AfD hat sich organisatorisch in Zeiten innerer Spaltungsdiskussionen, die die AfD seit ihrer Gründung stetig begleitet, weiter stabilisiert: Sie zählt mittlerweile mehr als 35.000 Mitgliedern. Bei der Wahl 2017 haben ihr 5,9 Mio. Wählern ihre Stimme gegeben.

Im Gegensatz zu anderen rechtspopulistischen Parteien in Europa kann man bei der AfD immer noch einen abgestuften Pluralismus auf der Ebene der Parteielite beobachten: Selbst angesehene Führungsfiguren wie Alexander Gauland müssen regelmäßig mit Entscheidungen leben, von denen sie nicht überzeugt sind. Dann beschließt ein Parteitag entgegen einer engagierten Rede des Partei- und Fraktionsvorsitzenden, dass sich die AfD für den „Dexit", also den Ausstieg Deutschlands aus dem Euro einsetzt oder ein größerer Teil der Abgeordneten drückt eine Sondersitzung der Bundestagsfraktion mitten in der „Lockdown"-Phase der Corona-Pandemie durch. Diese Besonderheit der rechtspopulistischen AfD führt dazu, dass Abstimmungen zwischen den unterschiedlichen Ebenen schwer fallen. Obwohl sie die Verzahnung der unterschiedlichen Parlamentsfraktionen schon länger anstrebt, kann man festhalten, dass sie es bislang nicht geschafft hat, nennenswerte Abstimmungen zwischen den einzelnen Ebenen öffentlichkeitswirksam zu platzieren. Anträge oder Gesetzesinitiativen bleiben oft auf ein Land beschränkt und auch die „Diesel-Kampagne" aus dem

F. Ruhose, *Die AfD vor der Bundestagswahl 2021*, essentials, https://doi.org/10.1007/978-3-658-31226-8_1

Jahr 2018, die hier den Auftakt zu einer besseren Verzahnung der Fraktionen bilden sollte, blieb in der Luft hängen. In jüngster Zeit gelang es ihr allerdings, die ostdeutschen Wahlkämpfe des Jahres 2019 unter dem Motto „Wende 2.0" gut aufeinander abgestimmt zu führen (Fiedler und Funk 2019).

Das große Pfund, mit dem die rechtspopulistische Partei wuchern kann, ist ihre Führerschaft in den sozialen Medien. Sie profitiert unmittelbar vom „Strukturwandel der Öffentlichkeit unter digitalen Bedingungen" (Jarren 2017). Die Pole Position auf den Plattformen hat sie quasi seit ihrer Gründung inne. Die AfD sieht sich aus ihrer Sicht einer Stigmatisierung durch die veröffentlichte Meinung ausgesetzt. Umgangen wird dies durch die maßgeschneiderte Kommunikation für ihre Zielgruppen auf den unterschiedlichen Plattformen. Hier wirkt sie direkt, kann ihre provokante Kommunikationsweise entfalten und mit ihrer Wählerschaft in den ungefilterten Austausch treten.

Während der Corona-Pandemie zeigt sich, wie unmittelbar Wahlabsicht und Wirkung der AfD in den sozialen Medien zueinander in Beziehung stehen. In dieser Zeit funktionierte die Ansprache der AfD in den sozialen Medien nicht (Fiedler 2020a). Gleichzeitig fiel die Zustimmung für die AfD auf ein niedriges Niveau wie kurz vor der Bundestagswahl 2017. Dabei wirken vielfältige Wirkkanäle: Krisenzeiten sind zunächst zwangsläufig Zeiten der Exekutive. Dies merkten alle Oppositionsparteien in den Umfragen. Dennoch ist diese Entwicklung bemerkenswert: Die Kommunikationswirkung in den sozialen Medien ist für die AfD überlebenswichtig. Ihre rechtspopulistische Oppositionsarbeit erfolgt maßgeschneidert für die Empörungsmaschinerie der sozialen Medien (Fiedler 2020a). Auch wird die AfD auf geändertes Kommunikationsverhalten eingehen müssen. So nutzen zum Beispiel junge Menschen – bei denen sie bei den Landtagswahlen im Osten regional nennenswert mobilisieren konnte – vermehrt andere Plattformen oder Messenger-Dienste (mpfs 2019).

Die AfD hat die bisherigen populistischen Gelegenheitsstrukturen der jüngsten Vergangenheit zu einem konsistenten Gegenmodell zur etablierten Politik zusammengebunden. Sie ist eine *„radikal rechte populistische Partei"* (Mudde und Rovira Kaltwasser 2019, S. 13 f.; Hervorhebung des Verfassers, FR) geworden, die „Nativismus, Autoritarismus und Populismus" verbindet. Hafeneger und Jestädt (2020, S. 22 f.) schreiben der AfD zu, dass sie mit ihrer „fundamentaloppositionellen Politik … auf ein anderes, autoritär formiertes und illiberales Modell von Demokratie und Gesellschaft und eine kulturell homogen gedachte Vergemeinschaftung und Nation" abzielt. Sie verbindet dabei den Widerstand gegen den Euro und die EU mit der Kritik an genereller Zuwanderung und fordert ein „großangelegtes Remigrationsprojekt" (Höcke 2018, S. 254). Den kulturellen Widerstand gegen das „rot-grün versiffte

68er-Deutschland" (Meuthen zitiert nach Köpke und Sternberg 2016) mit dessen Einsatz für Gleichberechtigung und Berücksichtigung von Interessen gesellschaftlicher Minderheiten kombiniert sie mit der Kritik an der vermeintlichen „Klima-Diktatur". Den öffentlichen Medien wirft sie Bevormundung vor.

Nicht nur durch die Beobachtung des mittlerweile wieder in der Partei gänzlich aufgegangenen „Flügels" muss die AfD viel Energie darauf verwenden, dass sie in ihrer Provokation nicht übertreibt. Denn einem Teil der Wählerschaft der AfD ist eine gezielt rechtsextreme Rhetorik zuwider. Dies gilt immer noch, selbst wenn die Struktur der Unterstützer mittlerweile gefestigt ist und sowohl populistische als auch rechtsextreme Einstellungsmuster vorweist (Lewandowsky 2020).

An ihrer Themenagenda muss die AfD nichts verändern. Das zentrale Thema „Migration und Zuwanderung" ist und bleibt für viele Menschen wichtig. Dies wird es bis zur Bundestagswahl 2021 bleiben: Zum einen ist die Situation an den europäischen Außengrenzen sehr besorgniserregend und zum anderen ist die Integration derjenigen Menschen, die seit 2015 zu uns gekommen sind, eine Daueraufgabe geworden. Gerade letzteres hat großen Einfluss auf das Zusammenleben und bedeutet für viele Menschen, dass Konkurrenzsituationen in der Sozialpolitik, bei der Wohnungssuche und teilweise auf dem Arbeitsmarkt entstehen. Hier kann die AfD ihre pauschale Kritik mit guten Erfolgsbedingungen weiterverfolgen. Je nachdem, wie sich die wirtschaftlichen Folgen der Corona-Krise darstellen werden, kann für die AfD wieder eine positive Situation entstehen. Gleichzeitig verzeichnen Verbände und Vereine einen zunehmenden AfD-Einfluss (Hillje 2019) und mit der Desiderius-Erasmus-Stiftung verfügt die Partei über eine zusätzliche Möglichkeit, gezielt in die Zivilgesellschaft einzuwirken. Bei der Bundestagswahl 2021 kann die AfD darauf bauen, dass sie auf ganz andere Unterstützungsstrukturen als noch 2017 zurückgreifen kann. Die Partei wird viel sichtbarer sein, die etablierten Medien werden ihr Raum bieten (müssen) und ideologisch ist die AfD noch gefestigter als vorher.

Die AfD hat dafür gesorgt, dass in Deutschland eine bestehende Repräsentationslücke geschlossen wurde. Sie übernimmt damit eine Funktion im politischen System unseres Landes. Dadurch hat sie das politische System verändert (Decker und Ruhose 2019). Dies kann einem Schmecken oder nicht – wer mit der AfD erfolgreich umgehen will, muss diese Entwicklung klar benennen. Der Dresdner Politikwissenschaftler Werner Patzelt (2017) spricht davon, dass durch die AfD Themen im Parlament repräsentiert sind, um die sich andere politische Kräfte nicht gekümmert haben. Die AfD spricht dabei nicht nur emotionale Bedürfnisse der Menschen gezielt an. Sie ist vielmehr als Partei selbst ein ernstzunehmender Ausdruck eines gesellschaftlichen Unbehagens. Mudde und Kaltwasser (2019, S. 128 f.) sprechen davon, dass populistische Parteien eine positive Funktion einnehmen können, weil sie neue Themen und Maßnahmen in die Debatte einbringen, welche für die „„schweigende Mehrheit' … von Belang sind".

Ihrem Selbstbild, Volkspartei sein zu wollen, steht dabei entgegen, dass die AfD in der Wahrnehmung der Menschen immer noch überwiegend eine „Ein-Themen-Partei" ist. Ihre Kernkompetenz liegt in der Frage der Ablehnung der Migration. Auch dort wird ihr zwar keine Problemlösungskompetenz zugesprochen, die Menschen identifizieren aber klar, dass die AfD hier ihren Schwerpunkt hat. Will die AfD in Zukunft durchdringen, wird sie versuchen müssen, inhaltlich zu überraschen. Sicherlich wird sie nach einer Analyse der thematischen Leerstellen Konsequenzen für sich ableiten. Mit der Positionierung in der Rentenpolitik will die AfD genau eine solche Profilerweiterung erzielen. Durch die Corona-Krise ist ihr diesbezüglicher Zeitplan dafür ins Rutschen gekommen. Ob sie hier erfolgreich wirken kann, hängt zum einen davon ab, wie die anderen Parteien in der Frage der zukünftigen Rentenversorgung agieren. Zum anderen ist entscheidend, ob die Profilierung auf diesem Feld zu einem Zeitpunkt geschieht, an dem das Thema nicht nur grundsätzlich als wichtig angesehen wird, sondern in der Wahrnehmung der Menschen eine aktuelle Brisanz besitzt.

Die AfD kommt in einer Potenzialanalyse durch das Meinungsforschungsinstitut Insa aus dem Jahr 2019 (Görmann 2019) auf ein maximales Potenzial von 19,5 %. Diese Menschen bejahen die Frage, ob sie sich theoretisch vorstellen können, die AfD zu wählen. Sympathiewerte können ebenso wie Wahlentscheidungen starken Schwankungen unterworfen sein, gerade dann, wenn eine Partei sich relativ schnell recht stark verändert. In den Umfragewerten seit 2017 konnte die AfD dennoch stabil gut 75 % ihres von Insa ermittelten maximalen Potenzials aktivieren. Im Laufe der Corona-Krise sank dieser Wert auf noch 50 % ab und der Wert der Ablehnung der AfD stieg auf ein Rekordniveau. In einer repräsentativen Umfrage schließen 73 % der Befragten die Wahl der AfD grundsätzlich aus (Vollradt 2020b). Mit diesem Negativwert wird sich eine weitere Verbesserung für die AfD schwer gestalten lassen. Der maßgebliche Grund dieser großen gesellschaftlichen Ablehnung ist die fehlende Grenze nach rechts außen. Schon vor der Corona-Pandemie hatte die AfD ein „Ende des Wachstums bei gleichzeitiger Stabilisierung" zu verzeichnen (Meyer 2019). Es bleibt ein großer Erfolg für die AfD, ihre Wählerkoalition trotz allem zusammenzuhalten: Sie hat mit der Adressierung der Gefühlswelt ihrer Wählerschaft den richtigen Klebstoff dafür gefunden (Ruhose 2019, S. 1–3) und deine Achillesferse. Die AfD ist zum einen extremistischer ausgerichtet als noch vor der Bundestagswahl 2017 (Funke 2020). Zum anderen kann sie sich mit ihren Provokationen nicht noch weiter zu profilieren. Diese Strategie spricht nämlich – weiterhin erfolgreich, aber eben begrenzt – nur die Überzeugten an.

In der AfD verfolgen daher einige das Ziel, weitere Wählerschichten zu erreichen: „Volkspartei" zu werden, ist das Ziel. Dafür müsse aber eine klare Abgrenzung nach rechts erfolgen. Dieser Ansatz leitete Jörg Meuthen bei seinem Plan, zunächst den Flügel aufzulösen und dann den Extremisten die Tür zu weisen (Wendt 2020). Doch auch wenn er mit der Annullierung der Parteimitgliedschaft von Andreas Kalbitz einen symbolischen Sieg erringen konnte, wird er es langfristig schwer haben, diesen Weg innerparteilich weiterzuverfolgen. Er unterliegt einer falschen Analyse der Wählerschaft, wie im Weiteren gezeigt werden soll. Dieser Weg ignoriert zudem die enorme Bedeutung des Flügels gerade für den elektoralen Erfolg in Ostdeutschland hat. Deswegen stellt sich der weitere Teil der AfD-Führung auch so vehement gegen Meuthens Pläne. Hafeneger und Jestädt (2020, S. 42) verweisen darauf, dass in Ostdeutschland in bestimmten Milieus „eine regressiv-autoritäre gesellschaftliche Unterströmung quer durch die Milieus" herausgebildet hat. Die AfD profitiert von diesem gesellschaftlichen Wandel, der „vor dem Hintergrund von biografischen, politischen und gesellschaftlichen Kränkungen, von Verlierererzählungen und Abwertungserfahrungen" seit der Einheit erklärt werden kann. Die Autoren betonen ebenfalls die tragende Rolle der Emotionen in der Politik, wenn sie diese Entwicklung als „Nährboden für Ressentiments und reaktionär-rassistische Programme" bezeichnen, die die AfD aufgreifen kann (Hafeneger und Jestädt 2020, S. 42). Gleichzeitig zeigen die vergangenen Wahlkämpfe in Ostdeutschland, dass dort, wo Demografischer Wandel und Strukturwandel zugeschlagen hat oder Politik wichtige Investitionen in die Infrastruktur nicht mehr geleistet hat, die AfD besonders erfolgreich war. Das Symbol dafür findet sich im Umgang mit dem wieder zurückkehrenden Wolf in diesen Regionen.

Floris Biskamp (2019) weist zurecht darauf hin, dass die AfD vor allem Menschen an die Wahlurne mobilisiert, die stabil in ihren politischen Einstellungen sind. Das Potenzial für eine *radikal rechte populistische Partei* war somit vorhanden, es wurde jetzt „gehoben". Die Aussage, dass Deutschland insgesamt nach rechts gerückt ist, ist dennoch zutreffend: Dies hat mit der ursprünglichen Reaktion der konservativen Kräfte in Deutschland auf die sich radikalisierende AfD und deren Wahlerfolge zu tun. CDU und CSU haben insbesondere das Jahr 2018 hinweg über nichts anderes als Migration und Integration im AfD-Tenor diskutiert. Es ging um Bedrohung von außen, um Angriffe auf die Identität und um innere Sicherheit (Mudde 2019, S. 33). Han (2015) zeigt, dass insbesondere konservative Parteien dazu neigen, angesichts erfolgreicher Rechtspopulisten in der Immigrationspolitik in

deren Richtung zu schwenken. Dies führte zu einer Normalisierung rechts-
populistischer Argumentationsmuster und verschiebt den gesellschaftlichen Diskurs stufenweise. Die Konsequenzen dieser Entwicklung sind aktuell noch nicht
abschließend absehbar. Diese hängen auch von den Reaktionen der anderen
Parteien und der breiten Mehrheit derer Gesellschaft ab. Vor diesem Hintergrund
soll ergründet werden, welche Perspektiven die AfD im Vorwahljahr hat.

Perspektiven 2

Mit „Gemeinsam für das Grundgesetz" hat die AfD eine Kampagne gestartet, um unmittelbar auf die Beobachtung des Verfassungsschutzes zu reagieren und sich der Bevölkerung als eine verfassungstreue Partei zu präsentieren. Damit flankiert die Partei ihre Klage gegen die aus ihrer Sicht zu Unrecht stattfindende Beobachtung durch den Verfassungsschutz. Die AfD versucht hier eine Perspektive gegen die zentrale Bedrohung ihrer Organisation aufzubauen. Sie erntet für diese Kampagne nicht nur Zustimmung. Gerade der Start der Facebook-Seite fiel in die Zeit der Einschränkungen aufgrund der Corona-Pandemie. In der Anhängerschaft gab es zu diesem Zeitpunkt schon etliche, die die Maßnahmen und die Kampagne kritisch bewerteten. Es fanden sich daher schnell deutlich negativ konnotierte Posts unter den Kampagnen-Motive.

Hier zeigt sich, warum die AfD so wenig an einer formalen De-Radikalisierung interessiert ist, wie sie der Parteivorsitzende Jörg Meuthen mit seinem Vorschlag einer Abspaltung des Flügels als eigenständige Partei verfolgt hat. Der ursprüngliche, von Co-Chef Tino Chrupalla und den beiden Fraktionsvorsitzenden Alice Weidel und Alexander Gauland formulierte ablehnende Beschlussentwurfs auf der Parteivorstandssitzung nach der Veröffentlichung des Vorschlags von Meuthen sprach daher explizit von einem parteischädigenden Verhalten des Parteivorsitzenden (Müller 2020, S. 25). Hätte der Vorstand so beschlossen, wäre ein Ausschlussverfahren gegen Meuthen wohl das Ergebnis gewesen. Diese Entwicklung stand am Beginn eines internen Machtkampfs, der die AfD in der kommenden Zeit stark prägen wird.

© Der/die Herausgeber bzw. der/die Autor(en), exklusiv lizenziert durch Springer Fachmedien Wiesbaden GmbH, ein Teil von Springer Nature 2020
F. Ruhose, *Die AfD vor der Bundestagswahl 2021*, essentials,
https://doi.org/10.1007/978-3-658-31226-8_2

2.1   Gegensätze im internen Machtkampf

Die AfD befindet sich aktuell in einer für sie schwierigen Situation. Die im Nachgang zur Selbstauflösung des „Flügels" per Mehrheitsbeschluss des Bundesvorstands vorgenommene Annullierung der Parteimitgliedschaft von Andreas Kalbitz hat zu einer Zuspitzung des internen Machtkampfs geführt.

Es ist sehr wahrscheinlich, dass die sich als gemäßigt bezeichnenden Kräfte auf lange Frist die Auseinandersetzung „echte Alternative" gegen „Anpassungs-AfD" (Kubitschek 2020b) zu sehr befeuert haben. Mit Blick auf die Historie der internen Dynamik der AfD scheint diese Aussage unabhängig vom Ausgang der juristischen Verfahren um die Aberkennung der Mitgliedschaft von Andreas Kalbitz Gültigkeit zu besitzen. Beobachter sprechen deswegen von „Meuthens Pyrrhussieg" (Meyer 2020). Alexander Gauland, Tino Chrupalla und Alice Weidel wissen genau um die Bedeutung der inhaltlichen Positionen und der Aktionsformen von Björn Höcke und Andreas Kalbitz – gerade für die Stellung der AfD in Ostdeutschland. Sie agieren daher gemeinsam mit einem Ziel: Die Einheit der Partei zu erhalten, denn nur so kann man die ganze Breite der AfD-Wählerschaft erreichen. Eine Trennung würde die Aussicht auf weitere elektorale Erfolge der AfD dramatisch schmälern. Getrennt könnte sich keiner der beiden Teile die Erfolgsmarke „AfD" sichern. Man sollte davon ausgehen, dass auch die Seite um Björn Höcke sich mit der Gefahr beschäftigt, die durch die durch die drohende Beobachtung durch den Verfassungsschutz erwachsen würde. Problematisch wäre eine Beobachtung vor allem für diejenigen, die als Staatsbedienstete in der AfD engagiert sind. Die AfD-Wählerschaft scheint hingegen „immun" gegen solche Ereignisse, wie die Umfragewerte nach Thüringen und den Anschlägen von Halle zeigen. Selbst auf dem Höhepunkt des Kalbitz-Konflikts – dies zeigt eine repräsentative Umfrage des Insa-Instituts – war es vor allem der offene Streit, der sowohl ihrer Stamm- als auch potenziellen Wählerschaft missfällt (Vollradt 2020b, S. 12) Die aktuelle Positionierung der Partei wird allerdings breit unterstützt. Auch das rechte Lager weiß darum, dass sie durch die AfD enormen politischen Einfluss in Deutschland hat. Björn Höcke formuliert daher ebenfalls sehr früh in der Auseinandersetzung, dass die AfD „einen Impuls" braucht, „der über den Flügel hinausweist und die Einheit der Partei betont" (Kubitschek 2020a). Tino Chrupalla versucht bei aller Kritik an Meuthen ebenfalls die Einheit der Partei hochzuhalten: „Wir sind eine AfD, es gibt keine Spaltung" (dpa 2020b).

Alexander Gauland sorgt sich dennoch über „regelgerechte Zersetzungstendenzen" (zitiert nach Weiland 2020), die durch den Machtkampf entstanden sind. Um diese abzuschwächen sind alle bemüht, die rein formale Dimension der Causa Kalbitz zu betonen. In Sachfragen, so lassen alle Akteure wissen, gebe es weiterhin einen Austausch zwischen den Führungspersonen (Vollradt 2020a, S. 6). Der Streit entzündet sich an der formalen Frage, ob Parteimitgliedschaften einfach per Vorstandsbeschluss annulliert werden können oder ob es eines ordentlichen Parteiausschlussverfahrens mit Entscheidung durch das Schiedsgericht bedarf.[1] Sollte die juristische Einschätzung von Meuthen sich am Ende nicht durchsetzen, wird es eng für ihn (Weiland 2020), denn durch die knappe Mehrheitsentscheidung im Vorstand und der juristischen Auseinandersetzung darüber hat er den Krisenmodus seiner Partei verlängert. Er kalkuliert scheinbar, dass sich die Wogen im Zeitverlauf wieder glätten. Dabei setzt er darauf, dass der sich selbst rechtskonservativ nennende Teil der Partei den Einfluss erhalten will, dem ihn eine erfolgreiche AfD auf die Politik in Deutschland sichert. Dennoch: Meuthens Gegenspieler „sinnen auf Rache" (Fiedler 2020b) und thematisieren unter anderem seine Spendenaffäre. Unmittelbar nach der Entscheidung des Schiedsgerichts im Sinne Jörg Meuthens ging Björn Höcke „direkt zum Angriff auf die innerparteilichen Gegner über" (Fiedler 2020, S. 4).

Während Deutschland über den Umgang mit dem Coronavirus diskutiert, ist die AfD mit einer anhaltenden und existenzgefährdenden Spaltungsdebatte beschäftigt. Es scheint, dass angesichts des absehbaren Abgangs von Alexander Gauland, der die Partei und die Fraktion in der Vergangenheit zusammengehalten hat (Am Orde 2020, S. 4), nun die Machtkämpfe um Posten und inhaltliche Ausrichtungen ausbrechen. Schon werden potenzielle Nachfolger wie der Abgeordnete und wichtiger nordrhein-westfälischer AfD-Landeschef Rüdiger Lucassen für Gauland im Amt des Fraktionsvorsitzenden lanciert, mit dem Ziel, Meuthen von der Spitzenkandidatur fern zu halten (Baumgärtner et al. 2020, S. 10). Gleichzeitig heißt es, dass Meuthen eben mit dem Landesverband Nordrhein-Westfalen seine Spitzenkandidatur vorbereite (Soldt 2020, S. 4). Auch der innerparteilich angesehene Vorsitzende der Arbeitsgruppe Verfassungsschutz

---

[1]Zur Zeit der Drucklegung dieses Buchs hatte das Bundesschiedsgericht die Annullierung der Parteimitgliedschaft von Andreas Kalbitz durch den Bundesvorstand bestätigt. Die juristische Auseinandersetzung wird nun zivilgerichtlich fortgesetzt, wie Andreas Kalbitz schon vor der Schiedsgerichtsentscheidung Ende Juli 2020 ankündigte. „Das wird wohl so aussehen, dass Kalbitz sich wieder an das zuständige Berliner Landgericht wendet" (Kamann 2020c, S. 5). Dieses Gericht hatte eine einstweilige Verfügung im Sinne Kalbitz erlassen und dabei auch inhaltliche Zweifel an der Begründung des Beschlusses durch den Bundesvorstand geäußert.

und für die Strategie der AfD-Bundestagsfraktion zuständige Parlamentarische Geschäftsführer, Roland Hartwig nimmt eine wichtige Rolle ein, da er sich in der Bewertung des juristischen Konflikts ebenfalls mit starken Zweifeln auf die Seite von Meuthens Gegner stellt (Baumgärtner et al. 2020, S. 9).

Die Auseinandersetzung wird sich bei den anstehenden Nominierungen in den Wahlkreisen und den anstehenden Listenentscheidungen verstärken und in der Partei verbreiten. Es fängt an der Spitze an: Jörg Meuthen strebt eine Spitzenkandidatur bei der Bundestagswahl an, doch sein Einfluss schwindet weiter (Soldt 2020, S. 4). Der als gemäßigt geltende Teil der Partei verliert generell weiter an Einfluss (Am Orde 2020, S. 4). Die Anhänger von Meuthens Kurs scheiterten schon bei den Vorstandswahlen auf dem Bundesparteitag Ende des Jahres 2019. Inoffiziell ist zudem der Wettbewerb um die Nachfolge von Alexander Gauland entbrannt. Generell ist für die AfD das Problem virulent, dass sie mit dem Abgang ihres Ehrenvorsitzenden über keine Integrationsfigur mehr verfügt. Dieser Sachverhalt wird die AfD in der Zeit nach der Bundestagswahl – und Gaulands zu erwartenden Rückzug vom Fraktionsvorsitz – mit noch größerer Wucht treffen. Denn aufgrund der frontalen Positionierungen von Meuthen, Chrupalla und Weidel, verfügt aktuell keiner der führenden Persönlichkeiten der Partei über übergreifenden Rückhalt. Wohl auch deswegen überlegt Gauland noch einmal für den Bundestag zu kandidieren (Sternberg 2020a).

Die Spaltung in der Partei ist durch die aktuelle Auseinandersetzung noch einmal tiefer geworden, dies zeigt der knappe Ausgang der Abstimmung. Die inhaltliche Ausrichtung ist dabei aus gutem Grund nicht Bestandteil des Machtkampfs (Funke 2020, S. 12), der wie gesehen mit den Ambitionen der Vorsitzenden von Partei und Fraktion zusammenhängt. Meuthen betont, dass es bei Andreas Kalbitz nur um den Einzelfall gehe und nicht um eine generelle Abrechnung mit dem „Flügel" nach dessen Auflösung. Das Urteil des Parteischiedsgerichts hat dabei nicht zu einer Befriedung beigetragen und so ist das.

Verhältnis in der Führung ein Jahr vor der Bundestagswahl von Misstrauen und gegenseitiger Kränkung geprägt. Diese Auseinandersetzung wird lange nachwirken - unabhängig von ihrem Ausgang. Der Riss geht durch die Partei und wie Meuthen mit den anderen Führungspersonen der AfD weiter zusammenarbeiten will, steht in den Sternen. Die Stimmung in den Sitzungen des Bundesvorstands wird als „eisig" bezeichnet (dpa 2020c). Das Ergebnis: Die Partei verfällt in alte Muster und man droht sich wieder gegenseitig „mit Strafanzeigen und Klagen" (Wehner 2020, S. 2). Tino Chrupalla hofft, dass die AfD diesen Konflikt bis zum Beginn des Wahljahrs 2021 zu einem Abschluss gebracht hat, „damit die Partei geschlossen in den Bundestagswahlkampf gehen kann" (dpa 2020c). Das Ergebnis ist offen.

2.2 Besonderheiten der AfD-Wählerschaft

Dabei hätte doch ein Blick in die eigene Strategie gereicht, um zu sehen, wie gefährlich ein Weg der AfD in Richtung einer „Werteunion 2.0" mit Annäherung an CDU und FDP für die Einheit der Rechtspopulisten sein kann. Schroeder und Weßels (2019) benutzen daher in ihrem instruktiven Buch über die AfD zurecht das Bild der „Smarten Spalter". Zum Thema Zustimmung schrieben die AfD-Strategen schon im Jahre 2016, dass „Beifall aus den Reihen der Altparteien (‚richtige Oppositionsarbeit') … geradezu ein Indiz dafür (ist), dass die AfD sich auf dem falschen Weg befindet" (AfD 2016, S. 9).

Insbesondere nach Erfurt und der Abgrenzungsnotwendigkeiten für CDU und FDP besteht für die AfD eigentlich nur eine strategische Option, um weiterhin erfolgreich zu sein: Die Parteieinheit muss gesichert und die Positionierung als „einzige System-Opposition" erhalten bleiben. „Einheit" bedeutet, auch der Flügel bleibt dabei (Fiedler 2020b). Deswegen muss die AfD auf die Arbeit der „Arbeitsgruppe Verfassungsschutz" um Roland Hartwig bauen, dessen Aufgabe es ist, „zu verhindern, dass die gesamte AfD unter Beobachtung des Geheimdienstes gerät" (Baumgärtner et al. 2020, S. 9). Gauland formuliert dementsprechend die Linie, dass sich für den Erfolg die Mitglieder auch „mal auf die Lippe … beißen" müssten (zitiert nach Fiedler 2019a). Auch Höcke formuliert mittlerweile zurückhaltender und sprach im Thüringer Wahlkampf von der AfD als „‚bürgerlich-patriotische Kraft', die ‚staatspolitische Verantwortung' tragen wolle" (Meyer 2019).

Loew und Faas (2019) zeigen in ihrer Studie, dass die Mehrheit der AfD-Wähler nicht nur „rechts" eingestellt sind. Vielmehr wählen sie aus Überzeugung, da sie mit der Partei deren elitenfeindlichen und „volkszentrierten" Auffassungen teilen. Zwar hat das Meinungsforschungsinstitut Insa für die rechtskonservative Wochenzeitung „Junge Freiheit" (2020) herausgefunden, dass die AfD-Anhänger und -Sympathisanten eine Abgrenzung nach rechts außen befürworten würden. Nicole Loew (2019, S. 6) weist allerdings zurecht darauf hin, dass für den Erfolg an den Urnen nicht nur rechte Themen ausschlaggebend sind. Es sind vor allem die populistischen Einstellungsmerkmale der Wählerinnen und Wähler, die den Ausschlag für eine Unterstützung der AfD geben. Steiner und Landwehr (2018) zeigen dies ebenfalls sehr deutlich anhand der Kategorien der populistischen Demokratievorstellungen Majoritarismus, Unmittelbarkeit und Antipluralismus. Die AfD ist keine Protestpartei mehr. Sie wird schon lange nicht mehr aus reiner Ablehnung der anderen Parteien gewählt. Die Erfolgschancen der AfD liegen somit in „einer populistischen Mobilisierung … spezifischer

Demokratievorstellungen in der Bevölkerung" (Steiner und Landwehr 2018). Solche festen Einstellungen kann die AfD dann mit Slogans wie „Wende 2.0" aufgreifen.

Die Seite der Führung der AfD um Alexander Gauland, Alice Weidel, Tino Chrupalla hat diese Besonderheit der eigenen Wählerschaft für die weitere Entwicklung der „Alternative" verinnerlicht. „Populistisch eingestellte Menschen gibt es in Deutschland – so wie in anderen europäischen Ländern – mehr, als es WählerInnen rechts- und linkspopulistischer Parteien gibt" (Loew 2019, S. 6). Insgesamt stimmen in Deutschland knapp ein Drittel der Wahlberechtigten populistischen Aussagen zu (Vehrkamp und Wratil 2017, S. 13). Jörg Meuthen hingegen scheint sein Handeln auf einer falschen Analyse der Motivlage der AfD-Wählerschaft aufzubauen.

Das populistische Einstellungsmerkmale aktiviert werden, kann aus vielen Gründen geschehen und unabhängig von rechtsextremen Einstellungen zur Unterstützung auch einer radikaler agierenden AfD führen. Denn diese Einstellungen wirken „zusammen mit thematischen Präferenzen auf die Wahlentscheidung ein" (Loew 2019, S. 7, ohne Hervorhebung des Originals; Loew und Faas 2019). Eine „Aktivierung" (Hawkins et al. 2020) erfahren diese populistischen Einstellungen zum Beispiel durch negative Emotionen (Olschanski 2020).

Die Wählerschaft der AfD vor der Bundestagswahl 2021 ist damit auf einen klaren Nenner zu bringen: Auf der Seite der extremen Rechte wird die AfD wegen ihrer rechten Ideologie unterstützt. Wählerinnen und Wähler, die die Partei unterstützen, aber in ihren Einstellungen zur Integration keine radikalen Einstellungen aufweisen, unterstützen sie aufgrund ihrer populistischen Einstellungen (Loew und Faas 2019, S. 504). Der gemeinsame Nenner ist der emotionale Aufruhr und der „Widerstand" gegen das System. Die Wählerschaft der AfD zeichnet „eine sonderbare Bereitschaft" aus, „sich im Empörtsein zu verbünden" (Kamann 2020b, S. 6).

Kurz und deutlich: Die AfD könnte eigentlich geschlossen ihren Kurs weiter fahren, auf Bundesebene sich in der Opposition weiter zu professionalisieren und daran arbeiten, dass sie ab 2025 bei den dann anstehenden ostdeutschen Landtagswahlen einen neuen Versuch in Richtung erster Regierungsverantwortung startet. Dann in einer Gesellschaft, in der die Normalisierung weiter voran geschritten sein könnte und in der die AfD insbesondere die konservativen Parteien analog zur Strategie von Farage beim Brexit vor sich hertreibt. „Politik mit AfD-Aroma" nennt dies Mely Kiyak (2020) und Beispiele gibt es viele. Das neueste ist die Etablierung des Strafbestands „Deutschenfeindlichkeit" und die Gesetzgebung in der Migrationspolitik und der Inneren Sicherheit (Butterwegge 2018). Dies muss bei der Entwicklung von Gegenstrategien berücksichtigt werden. Im Moment steht die AfD sich dabei vor allem selbst im Weg. Die unterschiedlichen Lager stehen sich aktuell einmal mehr in der jungen Parteigeschichte unversöhnlich gegenüber und die Partei spürt dies in niedrigen Umfragewerten. Doch es gilt zu bedenken, dass schon im Jahr 2015 die Partei in internen Auseinandersetzungen zu versinken drohte, bevor sie aufgrund der zunehmenden Fluchtbewegungen nach Europa und Deutschland ihre rechtspopulistische Agenda erfolgreich aufladen konnte.

Strategien 3

Trotz aller Spannungen kann die AfD auch auf für sie positive Aspekte aufbauen: Die AfD wird den Bundestagswahlkampf 2021 mit einer inhaltlich klareren und radikalen Ausrichtung führen können, denn die internen Machtkämpfe haben keine inhaltliche Begründung. Sie kann zudem in einem gesellschaftlichen Umfeld agieren, indem der Populismus für viele Wählerinnen und Wähler einen „Kompass für gesellschaftliche und politische Fragen" (Loew 2019, S. 8) darstellt. Dies erleichtert ihr das eigene unbefangene politische Agieren und kann zu einer Wahlkampfstrategie zusammen gebunden werden. Das ermöglicht eine strategische Ausrichtung entlang des AfD-Kreislaufs aus Polarisierung, Skandalisierung und Emotionalisierung (Ruhose 2019, S. 12). Bei ihren Überlegungen kann die AfD zudem die Frage der Regierungsfähigkeit weiterhin ausklammern: Diese wird sich aus heutiger Sicht erst nach der nächsten Runde ostdeutscher Landtagswahlen wieder stellen. Die gesellschaftliche Normalisierung mit der Verschiebung dessen, was nun ohne Probleme im politischen Diskurs sag- und denkbar geworden ist, lässt die AfD diesen Weg weiterhin erfolgreich bestreiten. Dem gegenüber steht der ausgebrochene Machtkampf, der Kräfte bindet und zu einer schweren Hypothek bei der Abstimmung der Wahlerfolge erzielenden Ost- und den mitgliederstärkeren West-Landesverbänden führen wird. Über allem schwebt die drohende Entscheidung des Verfassungsschutzes die AfD im Gesamten als Verdachtsfall zu betrachten.

© Der/die Herausgeber bzw. der/die Autor(en), exklusiv lizenziert durch Springer Fachmedien Wiesbaden GmbH, ein Teil von Springer Nature 2020
F. Ruhose, *Die AfD vor der Bundestagswahl 2021*, essentials,
https://doi.org/10.1007/978-3-658-31226-8_3

3.1   Die Corona-Krise als neue politische Gelegenheitsstruktur

Um sich mit der Frage zu beschäftigen, wie die AfD mit der Corona-Krise umgeht und was diese mit ihr als Partei macht, lohnt ein Blick auf die Entstehungsbedingungen für rechtspopulistische Parteien. Populistische Parteien brauchen politische Gelegenheitsstrukturen. Diese entstehen durch eine ganz besondere „Konstellation von Akteuren, Ressourcen und situativen Umständen" (Decker 2004, S. 249). Es bedarf eines „Auslösers und Referenzpunktes" (Decker 2004, S. 28). Beide sind sowohl durch soziale als auch politische Faktoren erreichbar und ein Produkt der Modernisierung unserer Gesellschaften. Die reine Konzentration auf die Modernisierungsfolgen greift daher zu kurz, um den Aufstieg des Rechtspopulismus zu erklären (Mudde 2007, S. 205). Zudem ist der Vertrauensverlust in die etablierte Politik eine wichtige Voraussetzung. Durch die sinkende Integrationskraft der Volksparteien verlor ein Teil der Bevölkerung „abrupt" ihre „affektiven Bindungen … an die … soziale Ordnung" (Dubiel 1986, S. 47).

> „In Zeiten eines überschaubaren sozialen Wandels – in politisch stabilen und kulturell gut integrierten Gesellschaften – bleiben diese emotionalen Potenziale meist unsichtbar eingebunden in überlieferte soziale Muster. Gewiss gibt es immer individuelle Fälle von erlebter Missachtung oder Kränkung. Politisch bedeutsam werden sie jedoch erst, wenn die Häufung solcher individuellen Erfahrungen jene Schwelle überschreitet, an der sie als kollektives Schicksal erkennbar und wirksam werden" (Dubiel 2002).

Den etablieren Parteien wird in Deutschland derzeit nicht zugetraut, die Herausforderungen der Gesellschaft zu meistern. In einer Umfrage von Infratest dimap (2019) für die ARD anlässlich des 70jährigen Bestehens des Grundgesetzes erklärten 50 % der Befragten und 95 % der AfD-Anhängerschaft, dass nur neue politische Parteien oder Bewegungen die Herausforderungen der Zukunft lösen können. Zugespitzt formuliert, ist durch eigenes politisches Handeln der Unmut in bestimmten Bevölkerungsgruppen noch beschleunigt worden. Dies betrifft seit Jahren die entscheidenden Politikfelder Europapolitik, Migrationspolitik und Sozialpolitik (Butterwegge 2019, S. 382). Gängige Vorurteile, dass „die Politik" „das Volk" regelrecht ausnutzen würde und es in Deutschland eine Art „Günstlingswirtschaft" gibt, kommen hinzu. Die AfD gibt diesen Gefühlen Ausdruck und repräsentiert so nun den Anteil derjenigen Menschen, die das System ablehnen oder ihm skeptisch gegenüber stehen.

Ein Blick in die Geschichte dieser *radikal rechten populistischen Partei* zeigt, wie sehr sie von sich wandelnden Gelegenheitsstrukturen zehren konnte: Bei der AfD begann es bekanntlich mit der Kritik an der Euro-Politik der schwarz-gelben Bundesregierung. Im Gesamten war sie das I-Tüpfelchen des Unmuts über die vermeintliche Aufgabe konservativer Werte durch die CDU. Merkels genereller Modernisierungskurs wurde von vielen kritisiert, das Fass zum Überlaufen brachte schließlich der angebliche lasche Umgang mit den „faulen Griechen". Mit ihrer Euro-Kritik stieß die AfD zunächst auf einen frustrierten Kern der ehemaligen CDU- und FDP-Anhängerschaft. Schon von Anfang an verband die AfD diese Kritik übrigens mit klassisch rechtspopulistischen Motiven gegen den Islam (Berbuir et al. 2015).

Da die politischen Gelegenheitsstrukturen für populistischen Parteien einem schnellen Wandel unterliegen können, ist es nachvollziehbar, dass die AfD in den Umfragen deutlich absackte, als die Euro-Rettungspolitik an gesellschaftlicher Relevanz verlor. Dies war im Sommer 2015 bei der Bevölkerung der Fall. Die AfD profitierte dann in einer zweiten Welle von einer neuen politischen Gelegenheitsstruktur: der Flüchtlingssituation. Übrigens ein Themenfeld – Migration und Integration – dessen positive Wirkung für die AfD der Parteigründer Bernd Lucke schon früh, nämlich in einer E-Mail im Vorfeld der Bundestagswahl 2013, wie folgt beschrieb: „Wir müssen noch einmal einen Tabubruch begehen, um Aufmerksamkeit zu kriegen. Das machen wir, indem wir Herrn Sarrazin vereinnahmen. Das kann uns viel Aufmerksamkeit, Kritik der linken Press und viel Zuspruch in der Bevölkerung einbringen" (zitiert nach Aman und Pfister 2015, S. 20). Hier wurde schon früh das Prinzip der AfD deutlich, über Provokationen das politische System in Deutschland gezielt zu verändern (Ruhose 2019).

Diese politische Gelegenheitsstruktur brachte den Durchbruch für die Alternative für Deutschland. Sie verband Nativismus – als eine Kombination von Nationalismus und Fremdenfeindlichkeit –, Elitenkritik und rechte Programmatik zu einem attraktiven Politikangebot, welches auf eine entsprechende rechte und populistische Wählernachfrage getroffen ist. Die AfD wechselte mit dieser zweiten politischen Gelegenheitsstrukturen endgültig ihr Auftreten und auch einen Teil ihrer Wählerschaft (Arzheimer und Berning 2019, S. 24 f.).

Der Erfolg der AfD seit 2016 ist ein unmittelbares Ergebnis, dass „die kollektiven Kränkungserfahrungen, die Statusängste und frustrierten Glückserwartungen der betroffenen Bevölkerungsgruppen aus den etablierten Diskursen und Legitimationsmustern … herausfallen und den Status vagabundierender Potentiale gewinnen …" (Dubiel 1986, S. 47). So wurde die AfD zu einem – zumindest mittelfristigen – festen Bestandteil des deutschen Parteiensystems. Ihr gelang es bis zum Jahresbeginn 2020 mit ihrem emotionalen Politikstil konstant um die 15 % in den Umfragen erzielen zu können. Und bei den Wahlen erlitt sie nur bei den Europawahlen 2019 mit 11 % einen Dämpfer – allerdings nur gefühlt, denn im Vergleich zur Europawahl 2014 bedeutete dies ein Anstieg um knapp vier Prozentpunkte. Bei dieser Wahl schaffte es die Alternative für Deutschland nicht, ihre EU-Skepsis und EURO-Ablehnung in einen Stimmerfolg zu verwandeln. Sie sank unter ihr Bundestagswahlergebnis. Dies hatte unmittelbar mit der Themenkonjunktur zu tun: Mit dem Klimawandel konnte die AfD zunächst nichts anfangen und sich deswegen in der Diskussion nicht deutlich profilieren.

Alexander Gauland reagierte darauf und positionierte „die Kritik der sogenannten Klimaschutzpolitik … nach dem Euro und der Zuwanderung" als „das dritte große Thema für die AfD" (Gauland zitiert bei Kamann 2019). Er begriff das Thema als eine Art indirekte politische Gelegenheitsstruktur für den Rechtspopulismus. Indirekt deswegen, weil die AfD sich über einen Umweg den Zugang zu dem Thema erschloss. Sie schaffte *„Querverbindungen zwischen den Kernthemen"* (AfD 2016, S. 8; Hervorhebung im Original) und den Umweltthemen. So verband sie ihre Elitenkritik mit der Kritik an der Klimapolitik. In der Europapolitik der AfD findet man ein solches Vorgehen schon von Beginn des Bestehens der Partei (Lewandowsky 2016). Im Bundestag konnte sie sich so als der Anwalt der Kohleregionen in Deutschland profilieren. Hier verfolgte sie zudem die Strategie, sich als möglicher Koalitionspartner von Union und FDP anzubieten, da man nur gemeinsam der angeblichen Klima-Hysterie vor allem der Grünen und dem entsprechenden rot-grünen Zeitgeist etwas entgegensetzen könnte. Als Nebenprodukt nutzte die AfD die Auseinandersetzung mit dem Klimawandel im eigenen – vor allem digitalen – Vorfeld zur Vernetzung mit der weit verbreiteten Szene der sogenannten Klimaskeptiker.

Durch das geschickte Ziehen von Querverbindungen besetzte sie somit das Klimawandel-Thema als Gegenpol zu den Grünen. Sie schaffte es zudem, ein an der Geschichte der Umweltschutzbewegung anknüpfendes Bild konservativer Politik zu zeichnen. Gauland (2019) verwies schon aus strategischen Gründen auf die Rolle einzelner CDU-Abgeordneten zu Beginn der Klimaschutzbewegung in den achtziger Jahren des vergangenen Jahrhunderts. Dieses strategische Manöver führte dazu, dass der AfD in den Umfragen der Themenwandel nicht schadete. Das Thema Flüchtlinge blieb sowieso seit 2017 als „Grundrauschen" vorhanden und wird ihr nicht so schnell abhandenkommen. Gestärkt wird die Position der AfD zum einen durch die Probleme, die die etablierten Kräfte im Umgang mit diesen Themen haben und zum anderen durch den Medienwandel unserer Gesellschaft. Die herkömmlichen Medien sind verunsichert über die Auswirkungen auf sie selbst und die Mechanismen der sozialen Medien bevorteilen die AfD mit ihren provokanten Methoden (Ruhose 2019, S. 32).

Der Einbruch in den Umfragen kam erst mit dem Coronavirus. Dies ist nachvollziehbar, da Krisenzeiten Regierungszeiten sind und die parlamentarische Opposition grundlegend in der Wahrnehmung der Wählerschaft nach hinten rutscht. Dennoch ist es wichtig, sich zum einen mit den langfristigen Auswirkungen der Corona-Krise auf den Rechtspopulismus in Deutschland zu beschäftigen. Der Opposition im Bundestag und in den Landtagen blieb zunächst nichts anderes übrig, als die notwendigen Maßnahmen zu unterstützen. Dies gilt auch für die rechtspopulistische Opposition im Bundestag. Die Alternative für Deutschland (AfD) unterstützte die Politik der Bundesregierung zunächst. Das „5-Punkte-Programm zur Corona-Krisenbewältigung" von Chrupalla und Weidel (2020) ähnelt sehr den in der Umsetzung befindlichen Politikmaßnahmen. Dies ist eine neue Entwicklung in ihrem Verhalten und muss auch so bewertet werden. Im Übrigen darf die AfD auch für sich reklamieren, als eine der Ersten eine Absenkung der Mehrwertsteuersätze als konjunkturpolitischen Impuls gefordert zu haben (AfD-Fraktion 2020c).

Aus Sicht einer Oppositionspartei ist es gleichfalls legitim, in einer solchen Krisensituation keine reinen Blanko-Checks auszustellen und die Forderung aufzustellen, die Maßnahmen mit einer zeitlichen Befristung zu versehen (AfD-Fraktion 2020a). Die Führung der AfD-Fraktion hatte zunächst verinnerlicht, dass ihre Art der Politikvermittlung derzeit nicht gebraucht wird. Alexander Gauland hat in seiner ersten Rede zu den Corona-Maßnahmen im Bundestag davon gesprochen, dass nun „Zusammenstehen … die erste Bürgerpflicht" sei (zitiert nach Reiter 2020). Gleichzeitig entbrannte in Bundestagsfraktion und Partei ein Streit darüber, wie mit dem Virus umzugehen sei. In einer sechsstündigen Krisensitzung einigte sich die Bundestagsfraktion darauf, Lockerungen zwar zu fordern, aber nicht auf eine Linie umzuschwenken, die den Virus in die Nähe einer einfachen Grippeerkrankung rückt. Später kombinierte sie die Forderung die Schutzmaßnahmen zu reduzieren mit dem Ansatz eines „angemessenes und risikobasiertes Verhalten" (AfD-Fraktion 2020c). Im Lichte der weiteren Entwicklung waren die vorgeschlagenen Maßnahmen der AfD-Fraktion den tatsächlichen Lockerungen der Bundesregierung dann sehr ähnlich (AfD-Fraktion 2020b). Mittlerweile hat die AfD-Fraktion im Bundestag zusätzlich eine Vielzahl von Anträgen gestellt, die alle die Corona-Politik der Bundesregierung angreifen, sogar ein Untersuchungsausschuss wird gefordert. Damit will die AfD gewährleisten, dass die Maßnahmen „nicht ohne demokratische Kontrolle und parlamentarischer Aufarbeitung bleiben" und auf „scheinbare Alternativlosigkeit" überprüft werden (AfD-Fraktion 2020c).

Es scheint allerdings, dass die dramatische Ausnahmesituation wegen des Coronavirus eine andere Wirkung auf die AfD-Wählerschaft hat als die

Diskussionen nach der Wahl des FDP-Politikers Thomas Kemmerich mithilfe der Stimmen der AfD zum kurzzeitigen thüringischen Ministerpräsidenten oder im Nachgang zu den schlimmen Morden in Hanau. In den Umfragen vor dem Ausbruch des Coronavirus und der darauf folgenden „Stunde der Regierung", die zu einem schnellen „Rückgewinnen" verlorener Wähler für CDU und teilweise SPD führte, lag die AfD – ebenfalls beim Meinungsforschungsinstitut Insa – bei 15 % und dies relativ stabil. Die Diskussion über die Beobachtung durch den Verfassungsschutz schadete der AfD in den Umfragen nicht.

Durch die Diskurs-Verschiebung hin zu den Themen Pandemie und Gesundheitsversorgung verlor die AfD in den Umfragen unmittelbar fünf Prozentpunkte und sank auf einen Zustimmungswert von 10 % ab. Dies könnte nun verkürzt als derjenige Anteil der Wählerschaft interpretiert werden, der wohl „rückholbar" für die etablierten Parteien ist. Nur, um die Größenordnung für diejenigen zu formulieren, die immer noch einer Nachahmungsstrategien oder eines unkritischen „Ernstnehmen" anhängen. Die AfD konnte in der Corona-Krise allerdings mit 10 % Zustimmung in Bezug auf die bereits zitierte Insa-Potenzialstudie (Görmann 2019) gut 50 % ihres maximalen Potenzials aktivieren. Dieser Wert ist immer noch hoch im Vergleich zu der Aktivierungsfähigkeit anderer Parteien.

Der Medienwissenschaftler Johannes Hillje hat nachgewiesen, dass die Interaktionsraten von AfD-Posts auf Facebook während der Corona-Pandemie eingebrochen sind (Fiedler 2020a). Dies hat viel mit der Erregungslogik des AfD-Vorfelds in den sozialen Medien zu tun.

> „Die Reichweiten der Posts … brechen ein, weil die Partei vielen ihrer bisherigen Fans in den rechten Echokammern nicht radikal genug ist. Die rechten Blogger, die sonst die AfD-Parolen mit verbreiteten, setzen bei der Corona-Krise auf Verschwörungstheorien. Viele der selbsternannten ‚alternativen Medien' leugnen die Gefahr des Virus oder sehen einen Komplott der ‚inszenierten Panik'" (Bensmann und Schaeffer 2020).

Gleichzeitig kann man beobachten, was der englische Medienexperte Peter Pomerantsev (2020) als „Politisierung der Pandemie" beschreibt. Jede Seite – eben auch die rechtspopulistische – betrachtet die Corona-Krise „entlang verschiedener Widersprüche und längst existenter Erzählmuster" und zieht daraus auf lange Sicht Schlüsse für sein politisches Verhalten. In der Corona-Krise zeigte sich erneut, wie schwer es der AfD fällt, die unterschiedlichen Interessen unter einen strategischen Hut zu bekommen. So wich die AfD-Fraktion von der Linie von Gauland und Weidel ab, zunächst „die Stunde der Exekutive" im Hinblick auf das Krisenmanagement abzuwarten. In einem zweiten Positionspapier verband die AfD-Fraktion (2020i) dann berechtigte Kritikpunkte an der Politik der Bundesregierung mit ihrem Markenkern: So stehen jetzt Forderungen nach breiten Lockerungen bei gleichzeitig geschlossenen Außengrenzen Seite an Seite.

Matthias Quent (2020a) formuliert allerdings das große „Aber" gegen die Abgesänge auf die AfD. Deren Schwächung

> „… ist keineswegs ausgemacht – historische Studien zu den Folgen von Wirtschaftskrisen legen das Gegenteil nahe. Wenn die große Schockstarre sich gelöst hat, könnte es den Rechten durchaus gelingen, diese Verunsicherung und das Erleben von Verletzlichkeit zu besetzen und zu instrumentalisieren. Vielleicht werden sie darüber nicht unbedingt stärker als bisher, aber es ist keineswegs sicher, dass die jetzigen Stimmenverluste für die AfD wirklich in eine nachhaltige Schwächung münden."

Wie die AfD sich auf das Ende und die wirtschaftlichen und sozialen Folgen der Beschränkungen vorbereitet, wird die Ausgangslage vor der Bundestagswahl mitbestimmen. Eine Mutmaßung ist, dass die AfD inhaltlich eine Schärfung ihrer wirtschafts- und sozialpolitischen Vorstellungen vornimmt. Einen starken Hinweis darauf geben die Anträge, die die AfD im Bundestag im Zuge der Corona-Pandemie eingebracht hat. Waren die Debattenbeiträge der AfD bislang eher von national-neoliberalen Argumenten geprägt, wie Butterwegge et al. (2018) systematisch herausarbeiten, so zeigt sich diese Position in den Maßnahmenkatalogen der AfD-Fraktion zur Bewältigung nur noch in wenigen Punkten. In ihrem zweiten Corona-Positionspapier (AfD-Fraktion 2020c) formuliert sie für sich ein zunehmendes sozialeres Profil der umfassenden staatlichen Absicherung (für Deutsche). Dies reiht sich ein in eine Verschiebung der Parteiprogrammatik, die ihren Ausdruck im Entwurf für eine rentenpolitische Positionierung findet. Wenn sich die Auswirkungen der Corona-Krise wirklich am Arbeitsmarkt zeigen, kann die AfD sehr schnell bestrebt sein, ihr Profil für diejenigen weiter zu schärfen, die von wirtschaftlichen Problemlagen und Existenz- und Statusängsten bedroht sind. Björn Höcke spricht dabei von einem „sozialen Patriotismus" als Positionierung für die AfD (zitiert nach Am Orde 2018). In dem AfD-Strategiepapier für den Zeitraum 2019–2025 zielt die AfD genau auf die Milieus ab (Hein und Rackow 2019), die nun in besonderer Weise bedroht sind durch die negative wirtschaftliche Entwicklung in Folge der Corona-Pandemie. Darüber hinaus wird die AfD eine gezielte Ansprache derjenigen Menschen versuchen, die zugänglich für populistische Demokratiekonzeptionen sind. Dafür wird sie aufbauend auf ihrer laufenden Grundgesetz-Kampagne und dem Unmut eines kleinen Teils der Bevölkerung über die Einschränkungen in der Corona-Krise einen thematischen Überbau für eine „Aktivierungsstrategie" formulieren.

Alexander Gauland formuliert entsprechend, dass die AfD das Handeln der Regierung in der Corona-Krise beobachten wird (Kamann 2020a) und legt in seiner Rede im Bundestag schon früh den Grundstein für die strategische Grundlage für die anstehende politische Auseinandersetzung: „Vor allem aber ist zu fragen, was denn in zwei oder drei Monaten passiert, falls dann das Virus immer noch nicht gebannt sein sollte" (Kamann 2020a). Alice Weidel (2020) schreibt in einem Gastbeitrag für die rechtskonservative „Junge Freiheit", dass nach der Krise thematisiert werden muss, „warum die Bundesregierung nicht rechtzeitig gezielte Maßnahmen ergriffen hat". Sie war es übrigens auch, die Kritik am Handeln der Regierung schon zu einem sehr frühen Zeitpunkt, nämlich Anfang März 2020 im Bundestag in ihrer Replik auf Bundesgesundheitsminister Spahn (CDU), äußerte.

Es stimmt: Der AfD ist im Moment des „Lockdowns" das Geschäftsmodell zunächst abhandengekommen. Zudem scheint es bei der Informationsgewinnung so zu sein, dass die Menschen in Krisenzeiten den Weg zurück zu den etablierten Medien finden (Quiring et al. 2020) und sich nicht für die Tätigkeiten der AfD im Internet interessieren. Wenn man sich die Zeit seit Gründung der AfD anschaut, hat sie immer dann große Zustimmungswerte, wenn die gesellschaftliche Themenagenda durch ihren Markenkern bestimmt wird. Dies führt dazu, dass die AfD immer dann wieder abgeschrieben wird, wenn ihre Themen keine Konjunktur haben. Einer Partei wird dies nur dann gefährlich, wenn es eine strukturelle Verschiebung bei den Themen gibt, sie einen großen Vertrauensverlust erleidet oder, wenn es ihr nicht gelingt, ihren Markenkern und das neue Thema zu verbinden. Letzteres war ein großes Anliegen derer, die die AfD-Fraktion in den Osterferien zu der erwähnten Sondersitzung gezwungen haben. Nun bietet die Corona-Krise – befeuert durch den Protest und durch die Angst vor der wirtschaftlichen Zukunft – eine dritte politische Gelegenheitsstruktur für die AfD. Anders als die Umfragen zuerst suggeriert haben und die Unruhe in der Fraktion selbst es vermuten lässt, sind die Bedingungen für rechtspopulistische Kräfte nicht schlecht mit Blick auf die Zeit nach der Krise. Sie hat die „Strukturen und Narrative" (Quent 2020b), um die Corona-Proteste politisch „zu kanalisieren".

Auch wenn die internen Querelen es gerade überdecken, so skizziert Kubitschek (2019) im Nachgang zu den ostdeutschen Landtagswahlen im Herbst 2019 einen Ausblick für die weitere Entwicklung der Partei und ihre vorhandenen Potenziale:

> „(E)s ist tatsächlich fast alles vorhanden für eine politische Wende in Deutschland: Wähler, Unmut, Konturen eines Programms, Mandatsträger auf allen Ebenen, eine ins Tausend gehende Mitarbeiterschaft, ein sich ausdifferenzierendes Vorfeld, Theorie, Bücher und Zeitschriften, Initiativen, Stiftungen, Begriffe, vorzeigbare

> Gesichter. Wenn der nächste gewaltige kalte Realitätsschock in die Deutschen fährt, wird es für den Unmut ein sehr viel besser und breiter angelegtes Auffangbecken geben als noch vor vier oder fünf Jahren."

Wie aufgezeigt wurde, ist die AfD unter anderem eine Reaktion auf in der Gesellschaft vorhandenes Unbehagen. Diese Funktion der Rechtspopulisten lebte wieder auf, als die Corona-Proteste als „Kraftfutter für die AfD" (Aust 2020) anfingen. Eine Gelegenheit bietet sich im Moment, da die etablierte Politik den richtigen Umgang mit den Nachwirkungen der Corona-Krise sucht, denn die wirtschaftlichen Folgen werden durch die Konjunkturpolitik zwar abgemildert, aber insbesondere die Frage nach der europäischen Solidarität und die Auswirkungen der starken weltwirtschaftlichen Vernetzung wird immer drängender. Die wirtschaftlichen Folgen sind auch in Deutschland noch nicht absehbar. Die „Bewältigung der Coronakrise wird zum neuen Mantra populistischer und radikaler Fundamentalopposition" (Quent 2020c). Die AfD kann dann Sammelbecken der Oppositionskräfte werden, wenn die „Wut der Besorgten" (Krastev 2020, S. 52) zurückkommt. Dann werden Populisten „wahrscheinlich wieder Oberwasser bekommen." (Krastev 2020, S. 52).

Die Corona-Bekämpfungsmaßnahmen der Regierung kann die AfD im Bundestag mit besonderer Glaubwürdigkeit infrage stellen. Die weiteren Oppositionsfraktionen sind mittelbar über ihre Beteiligung an Landesregierungen am Krisenmanagement beteiligt. Zudem hat sie sich sehr früh mit Konzepten für eine Exit-Strategie befasst. Bei einer so vorgenommenen erfolgreichen Positionierung bleibt die immer noch (strategisch bislang beabsichtigte) fehlende Abgrenzung der AfD nach rechts für ihre Wählerschaft nachrangig, wie dies bereits nach der Wahl des FDP-Politikers Thomas Kemmerich zum (Kurzzeit-) Ministerpräsidenten von Thüringen mit den Stimmen der AfD und dem Anschlag von Hanau der Fall war. Diesen Aspekt müssen die etablierten Parteien mit bedenken, bei aller aktuellen Schwäche der AfD in den Umfragen und durch ihre internen Querelen. Die AfD wird dies ebenfalls tun und daraus ihre strategischen Überlegungen für die Bundestagswahl 2021 ziehen.

3.2 Positionierung als „Grundgesetz-Partei"

Die Alternative für Deutschland wird im Jahr vor der Bundestagswahl versuchen, die derzeitigen und dramatischen internen Spannungen abzuschwächen. Denn die beiden Lager weiter zu spalten würde die AfD – wie gesehen – aufgrund der Einstellung ihrer Wählerschaft in akute Lebensgefahr bringen. Die Führungspersonen beider Lager werden bei den anstehenden Personalentscheidungen für die Bundestagswahl 2021 versuchen, jeweils in eine gute Ausgangslage zu kommen. Aber sie werden eine Spaltung versuchen zu vermeiden. Dann könnte keine der beiden Seiten glaubwürdig die etablierte „Marke" AfD für sich reklamieren. Zudem reagiert ihre Wählerschaft irritiert auf die Streitigkeiten und ist gleichzeitig mit der aktuellen inhaltlichen Positionierung der Partei zufrieden. So funktioniert die bisherige erfolgreiche Ansprache über beide Elemente: Rechte und populistische Einstellungen gleichzeitig aktivieren. Dadurch konnte die AfD bis vor der Corona-Pandemie außerordentliche und unterschiedliche Druck-situationen wie nach den Anschlägen von Hanau oder der Wahl des thüringischen Ministerpräsidenten Anfang des Jahres 2020 mit stabilen Umfragewerten durch-stehen. Sie wird also wieder versuchen, die Reihen zu schließen und mit der Formulierung eines gemeinsamen Gegners, die internen Streitigkeiten zumindest temporär abzuschwächen.

Die Corona-Krise bietet ihr dabei – bei aller aktueller Schwäche in den Umfragen – eine neue politische Gelegenheitsstruktur, die sie über eine Agenda zur Sicherung der Meinungsfreiheit und des Schutzes vor dem Corona-Überwachungsstaat versuchen wird zu nutzen. Die rechtspopulistische Opposition wird die Kritik am Management der Bundesregierung während der Krise und an ihrer folgenden Stabilisierungspolitik weiter intensivieren und Ver-bindungen zu ihrer originären Themenagenda ziehen. Die AfD wird sich dabei als (einzige wirkliche) „Hüterin" des Grundgesetzes präsentieren. In ihrer Kampagne zum Grundgesetz formuliert sie bereits, dass dieses „nie zu einer Risiko-Gruppe" gehören darf. Nur die AfD, so die Folgerung, kann somit die Errungenschaften unserer Demokratie verteidigen und gleichzeitig deren Krisentendenzen ent-schieden und schonungslos benennen. Der Einsetzungsantrag für einen Unter-suchungsausschusses über die Maßnahmen zur Verlangsamung und Eindämmung der Corona-Pandemie zielt genau darauf ab (AfD-Fraktion 2020d). Das Daten-schutzthema – zum Schutz „des Volkes" vor dem Überwachsungsstaat – nimmt hier ebenfalls einen immer größeren Raum ein und reicht von der Ablehnung des NetzDG bis zum Kampf gegen eine bundesweite Corona-App. Hier fordert die AfD, dass „(u)nter keinen Umständen … Grund- und Freiheitsrechte an die Nutzung einer App gekoppelt werden (dürfen)" und eine „explizite oder implizite Impfpflicht" lehnt die AfD ebenfalls ab (AfD-Fraktion 2020c).

Eine Kostprobe dieser Strategie zeigte die AfD, als aus einer internen CDU-Besprechung ein Zitat von Angela Merkel veröffentlicht wurde, in dem sie vor „Öffnungsdiskussionsorgien" im Zuge der langsamen Lockerungen der Beschränkungen nach Ostern 2020 gewarnt hat. Sofort warf sie Kanzlerin Merkel ein „unterentwickeltes Verständnis von Rechtsstaatlichkeit und Meinungsfreiheit" vor (Holm 2020). In der sich anschließenden Bundestagsdebatte am 23. April

2020 warnte Gauland vor staatlicher Bevormundung (dpa 2020a). Ein Leitmotiv, welches auf den Corona-Demonstrationen zu hören war und ist. Gauland verbindet dies mit einem indirekten Vergleich der Politik der Bundesregierung mit der Linie von Victor Orban in Ungarn. „Eine Krise sei für die Regierenden immer auch eine Versuchung, ‚den Staat als Vormund der Bürger zu etablieren'. Dies sei offensichtlich nicht nur in Ungarn der Fall" (dpa 2020a).

Darüber hinaus nutzt die AfD selbst häufig den Weg vor die Gerichte und erweitert dadurch die Möglichkeit der politischen Auseinandersetzung. Durch dieses Vorgehehen signalisiert sie ihre rechtsstaatliche Tadellosigkeit im Hinblick auf die drohende Beobachtung durch den Verfassungsschutz. Die Botschaft: „Die etablierten Parteien mögen mit der Moral spielen, wir haben das Recht auf unserer Seite" (Chrupalla zitiert nach Drebes und Rasche 2020, S. 2). Die AfD steht mit beiden Beinen auf dem Boden des Grundgesetzes wird signalisiert und sie schützt „AfD-Wähler und Parteimitglieder … vor Diffamierungen", wie es Tino Chrupalla angesichts einer Entscheidung des Bundesverfassungsgerichts formulierte (zitiert nach RND 2020). In diesem Falle hatte das Gericht am Beispiel Horst Seehofers festgehalten, dass Regierungsmitglieder die Ressourcen der Regierung nicht nutzen dürfen, um Einflussnahme gegen einzelne Parteien zu nehmen. Für die AfD ist es ein wirklicher Glücksmoment, wenn das oberste Gericht eine Benachteiligung insbesondere durch den „Verfassungsminister" (Drebes und Rasche 2020, S. 2) feststellt: Durch das Mittel der juristischen Auseinandersetzung perpetuiert die AfD ihre angebliche Opferrolle. Gleichzeitig zeigt es die AfD als „einzige" wehrhafte Kraft, die sich den Kampagnen der etablierten Kräfte entgegenstellen und für den Rechtsstaat einsetzen würde.

3.3 Über die AfD-Strategie für die Zeit bis zur Bundestagswahl 2021

Bei dem Umgang mit der Corona-Krise zeigt sich, dass die AfD dieses neue Thema mit ihren bekannten Mitteln im Bundestag zu einem Empörungspotenzial aufbauen will. Auch wenn sie es derzeit noch nicht erfolgreich für sich nutzen konnte: Verunsicherung in der Bevölkerung und neue Bedrohungssituationen sind leider ein guter Nährboden für populistische Politik. Und durch die Ausbreitung des Virus über die ganze Welt hat die AfD einen weiteren vermeintlichen Grund, die angeblich fatale Beschleunigung durch offene Grenzen zu thematisieren und eine Kritiklinie an der EU zu formulieren. Zusammen mit der ungeklärten Situation an den EU-Außengrenzen und den Herausforderungen in den schon vor der Corona-Krisen wirtschaftlich angeschlagenen Euro-Ländern entsteht ein neues „populistisches Momentum", welches die AfD in den Bundestagswahlkampf tragen kann. Hinzu kommt die Aufnahme der berechtigten Kritik gegen die „Hyper-Globalisierung" (Rodrik 2018). Hier entstehen dann auf der sozio-ökonomischen Konfliktachse neue Möglichkeiten, andere Wählergruppen anzusprechen und die dort vorhandenen populistischen Einstellungsmerkmale zu aktivieren. Die Sorge vor der Arbeitslosigkeit ist schon angestiegen. Daher wird die AfD Schwerpunkte setzen bei der Ansprache von Menschen in der Produktion und im nichtakademischen Dienstleistungssektor, die schon unter den Folgen der Corona-Krise leiden oder es in Zukunft werden. Deren Sorgen aufnehmen und mit der Angst vor Einwanderung und dem Verlust der nationalen Identität verknüpfen, kann eine erfolgreiche rechtspopulistische Strategie sein.

Die Entwicklungen der Corona-Krise wird die Partei also verknüpfen können mit ihrem Markenkern: Die Begrenzung der Zuwanderung, ebenso wie der Widerstand gegen eine vertiefte Integration der Europäischen Union, die angeblich notwendige Verteidigung der Meinungsfreiheit sowie die Kritik an den Altparteien im Allgemeinen. Angegriffen wird darüber hinaus der angebliche Klientelismus der etablierten Parteien und vor allem der Grünen zugunsten kleiner Minderheiten und angeblicher Ein-Themen-Bewegungen.

Die AfD sieht die Gründe für ihren bisherigen Erfolg vor allem in der Besetzung von Themen, die den Bürgern wichtig sind und von allen anderen Parteien vernachlässigt werden. In einem ersten Strategiepapier hatte der AfD Vorstand im Jahr 2019 darauf aufbauend schon erste langfristige Linien formuliert (Hein und Rackow 2019). Sie profitiert nach eigener Einschätzung davon, ein klares Profil zu haben, eine neue unverbrauchte Partei auf dem politischen Tableau zu sein und sich als die führende politische Kraft im Diskurs auf sozialen Netzwerken etabliert zu haben. Sie profitiert von der Empörung, die ihr aus Politik, Medien und Zivilgesellschaft entgegenschlägt und ihr ein gewisses Märtyrer-Image verleiht. Gleichzeitig erkennt die AfD die kontinuierlichen Extremismus-Vorwürfe als Problem, da diese den Zugang zu weiteren Bereichen der gesellschaftlichen Mitte verwehrt. Das ist für eine weitere Etablierung aber zunächst nachrangig: Die Wählerschaft der AfD ist – wie gesehen – schon sehr gefestigt.

Die Erschließung neuer Wählerschichten unter Berücksichtigung ihrer bisherigen erfolgreichen Mechanismen versucht die AfD daher auf einem anderen Weg zu erschließen: Für eine bessere gesellschaftliche Etablierung verfolgt die Partei den Ansatz, sich dauerhaft in der Zivilgesellschaft zu festigen. Dieses Vorgehen reicht weit über die anstehende Bundestagswahl hinaus. Einen „Marsch durch die Institutionen" kündigt die AfD dazu an (Fiedler 2019b). „Die Leute stehen da, man muss sie nur abholen", so hat Tino Chrupalla schon seinen

Wahlkampf 2017 zusammengefasst (zitiert nach Block 2017). So sollen im vor-politischen Raum „Fürsprecher und Multiplikatoren" gewonnen werden, die in ihren Organisationen für die AfD „einen positiven Resonanzboden … bereiten" (Fiedler 2019b). In Ostdeutschland kann sie an vielen Orten schon darauf setzen, dass sie offene Unterstützung von Respektspersonen erhält, die entsprechende Orientierung vorgeben.

Die AfD wird in der Zeit bis zur Bundestagswahl 2021 zudem Verbindungen zwischen ihren Schwerpunktthemen und den für sie weniger wirksamen Themen herstellen. Dieses Verhalten wird zwar oftmals kritisiert in den Medien und selbstverständlich von politischen Wettbewerbern angegriffen, es ist aber das Erfolgsrezept schlecht hin für die AfD und erlaubt eine starke Konsistenz ihrer politischen Botschaften. In ihrem Strategiepapier für die Zeit bis 2025 formuliert sie explizit, welche Bereiche sie auf diesem Feld im Auge hat: Digitalisierung, Klimaschutz, Umweltschutz oder Frauenförderung. So kann das Thema Frauenförderung mit den Frauenrechten im Islam verbunden werden, wie die Abgeordnete Nicole Höchst (2020) für die AfD-Bundestagsfraktion vorführt. Den Klimaschutz kritisiert die AfD oftmals mit dem Verweis auf die angebliche Meinungsdiktatur, die hier angeblich errichtet worden sei. Die AfD stehe dann dafür „den vielen skeptischen und abweichenden Stimmen Gehör verschaffen", wie es der Umweltpolitiker der Bundestagsfraktion, Karsten Hilse formuliert (zitiert nach Kamann 2019). Da die AfD – genauso wie die anderen Parteien – mit sozialwissenschaftlicher Forschung ihre Kampagne planen wird, wird die Thematisierung solcher Bereiche stark von der Salienz in ihrer Wählerschaft abhängen.

In Themefeldern, bei denen andere Parteien Kompetenzvorsprünge haben, wird die AfD ähnlich verfahren. Die wichtig werdenden Themen in der Post-Corona-Zeit, wie Arbeitsplätze und wirtschaftliche Entwicklung, Bildung oder Steuern und Abgaben, w so mit dem Markenkern der AfD verbunden werden. Das Thema Altersvorsorge verbindet sie oftmals mit ihrer Kritik an dem angeblich maßlosen Zuwanderungssog unserer sozialen Sicherungssysteme. Die Bildungsdiskussion führt sie meistens ebenfalls mit Bezügen zur Zuwanderung. Im Ergebnis soll durch diese Herangehensweise der Vorwurf einer „Ein-Themen-Partei" entkräftet und im Unterschied zu den beiden bisherigen Bundestagswahl-kämpfen die AfD als breiter aufgestellte Partei präsentiert werden.

Als politische Konkurrenten im Wahlkampf werden vor allem Union und FDP angesehen. Schwierig wird es für die AfD, da sie es mit einer CDU zu tun bekommt, die nicht mehr von Angela Merkel in den Bundestagswahlkampf geführt wird. Daher hängt ihre strategische Ausrichtung auch davon ab, mit wem die CDU/CSU in die Wahlauseinandersetzung zieht. Auch Teile der Unterstützer von SPD und Linkspartei sind aus Sicht der AfD ansprechbar für ihre Botschaften, da es hier große Überschneidungen – gerade in Ostdeutschland – gibt. Die Grünen sieht die AfD als politischen Gegner an, bei dem es keine Überschneidungen sowohl bei der Wählerschaft als auch inhaltlich gibt. Die Grünen analysieren dies ebenso deutlich und leiten strategische Schlussfolgerungen für sich ab (Zürn 2018, S. 14).

Die AfD ist vor der Bundestagswahl 2021 eine ideologisch gefestigte *rechte radikale populistische Partei*. Dies ist ein Unterschied zur Bundestagswahl 2017, bei der sie auf der Protestwelle surfend, ohne stringentes Programm agieren konnte. Jetzt ist sie – geformt insbesondere von Alexander Gauland (Am Orde 2020, S. 4) – eine Partei, die den Status quo der Gesellschaft nicht einfach nur ablehnt, sondern „eine andere, unmittelbare, ‚organische' Form des Regierens" (Lewandowsky 2020) im Angebot hat. Dadurch hat sie eine neue Form gefunden, ihre Wählerkoalition zusammen zu halten. Sie hat Angebote für die populistisch eingestellten Teile ihrer Wählerschaft. Gleichzeitig kann sie Anschlusspunkte für rechtsradikale Einstellungsmerkmale formulieren.

> „Rechtsradikalismus ist feindlich gegenüber kulturellen und ethnischen Gruppen. Populismus wendet sich gegen jene, die dem vermeintlichen Willen des ‚Volkes' widersprechen – etablierte Politiker und Parteien, aber auch Künstler, Akademiker, Intellektuelle, Wohlhabende; je nachdem, welche politische Färbung der Populismus annimmt" (Lewandowsky 2020).

Die strategische Debatte, wie man mit der AfD umgeht, muss vor der Bundestagswahl 2021 erneut geführt werden – allerdings mit einer anderen Stoßrichtung als bei der vorherigen Wahl.

Elemente einer Gegenstrategie 4

In der Vorbereitung der eigenen Wahlkampfstrategie setzen sich die anderen Parteien auch mit dem Umgang mit der AfD auseinander. Dabei gilt vor allem, dass „die übergroße Mehrheit … mit der Politik zufrieden" ist (Quent 2020b). Zudem formuliert ein übergroßer Teil der Wählerinnen und Wähler, dass sie die AfD nicht wählen werden (Vollradt 2020b, S. 12). Bei Reaktionen auf den Rechtspopulismus muss daher nicht die Beschäftigung mit dem Überbringer der Botschaft im Mittelpunkt stehen. Vielmehr geht es darum, sich mit der Botschaft selbst zu befassen. „Statt von vorneherein davon auszugehen, dass Populisten Unrecht haben, sollte man ernsthaft prüfen, inwieweit die vorgeschlagenen Maßnahmen im liberal-demokratischen System tauglich sind" (Mudde und Rovira Kaltwasser 2019, S. 174). Welche strategischen Überlegungen sich aus den hier entwickelten Entwicklungslinien der AfD mit Blick auf die Bundestagswahl 2021 für die anderen politischen Kräfte ergeben, soll in den vier folgenden Anmerkungen skizziert werden.

4.1 Nachahmungsstrategien sind nicht erfolgreich

Der Weg der Nachahmung, das hat insbesondere das Jahr 2018 gezeigt, war nirgendwo erfolgreich (Ruhose 2019, S. 38 f.). Der CSU-Generalsekretär Markus Blume formuliert in einem Interview (Lau 2020, S. 6) dazu seine selbstkritische Rückschau auf den bayrischen Landtagswahlkampf: „Du kannst ein Stinktier nicht überstinken". Am Ende steht die Normalisierung der AfD und ihr Gedankengut ist in den gesellschaftlichen Diskurs eingedrungen mit all den Entwicklungen, die wir seitdem beobachten.

Das berühmte „Ernstnehmen" geht dann gehörig in die falsche Richtung. Ein anderes Verständnis von „Ernstnehmen" der AfD und ihrer Stammwählerschaft beschreibt Kraske (2020, S. 306): „Sie ernst zu nehmen heißt …, sie damit zu konfrontieren, wen und was sie da wählen." Dieser Ansatz – nicht oberlehrerhaft, aber deutlich – ist wichtig. Er zeigt, dass die parlamentarische Demokratie im Diskurs wehrhaft bleibt. Hier besteht allerdings die Gefahr, dass ein solches Vorgehen in der Luft hängen bleibt und eher noch Schaden anrichtet. Das hat mit dem Strategiedilemma im Umgang mit der AfD zu tun (Ruhose 2019): Durch die Konfrontation lässt man der AfD nur das von ihr gewünschte Maß an Aufmerksamkeit zukommen. Es kann zielführender sein, die AfD auch einmal „rechts" liegen zu lassen. Denn durch die anhaltende Selbstbeschäftigung aufgrund der internen Streitigkeiten besteht die Möglichkeit, dass die AfD die für sie bestehende Chancen nicht nutzen kann. Dann würde sie nur von der Aufwertung durch Wahrnehmung profitieren. Um hier richtig abwägen zu können, bedarf es weitere Schlussfolgerungen aus den oben beschriebenen Einstellungen der AfD-Wählerschaft zu ziehen.

4.2   Konsequenzen aus den Einstellungen der AfD-Wählerschaft

Es wurde gezeigt, dass die Wählerschaft der AfD durch populistische Einstellungen zur Demokratie geprägt ist. Dies ist „ein viel entscheidenderes Problem als ihre Haltung zur Gesellschaftspolitik" (Lewandowsky 2020). Denn solange diese emotionale Einstellung dominant ist für die Wahlentscheidung kann keine der etablierten Kräfte nachhaltig attraktive Politikangebote formulieren. Die zentrale Frage ist also, wie man mit der Aktivierung der populistischen Einstellungen umgeht. Nicole Loew (2019, S. 8) fasst dies so zusammen: „Wenn nicht unerhebliche Teile der Bevölkerung der Ansicht sind, dass Kompromisse nichts Konstruktives sind, sondern Politik verwässern; wenn sie denken, dass eine unbedingte Durchsetzung des Mehrheitswillen dem Schutz und der Repräsentation von Minderheiten vorzuziehen ist, dann sollte auf diese Einstellung reagiert werden."

Hier liegen Chancen und Risiken der Corona-Krise. Denn ein Weg kann sein, diese Einstellungen zu deaktivieren. Dies geht dann, wenn von der Politik allgemein das Vertrauen zurückgewonnen werden kann (Decker et al. 2019, S. 77). Gut ein Viertel der AfD-Wählerschaft scheint damit wohl erreichbar zu sein. Eine gezielte Ansprache von Nichtwählerinnen und Nichtwählern durch gutes Krisenmanagement kann hier ebenfalls positiv wirken. Lewandowsky (2020) weist darauf hin, dass man diesen Teil der politischen Auseinandersetzung nicht planen kann. Es ist hinzuzufügen, dass hier eine enorme Vertrauensarbeit der etablierten Parteien zu leisten ist. Diese Erkenntnis scheint sich mittlerweile durchzusetzen, da der Umgang mit der AfD nicht mehr ausschließlich entlang der Geschäftsordnung des Bundestags erfolgt, wie der Bericht über eine Arbeitsgruppe der FDP-Bundestagsfraktion zeigt (Fiedler und Starzmann 2020).

Es braucht eine Agenda für die Bewältigung der Probleme in den Gebieten, in denen die AfD noch aus Protest gewählt wird. Wenn die Infrastruktur in unserem Land den Bedürfnissen des 21. Jahrhunderts nicht angepasst wird, verpassen wir unsere Klimaziele und gleichzeitig wirtschaftliche Entwicklungschancen. Zentraler Bestandteil einer Gegenstrategie ist es, einen solchen Politikansatz mit dadurch zu entwickeln, dass man ansprechbar und sichtbar vor Ort ist. Dies kann durch eine (leider kostenintensive) Strategie von mehr Bürgerbüros oder sogar umfassenderen Quartiersbüros der Parteien in der Fläche geschehen (Ruhose und Stich 2019). Weiterhin könnten die Führungsgremien der Parteien oder Fraktionen regelmäßig vor Ort tagen und „mit den zivilgesellschaftlichen Akteuren vor Ort Kontakte und gemeinsame Projekte pflegen" (Mielke und Ruhose 2019, S. 257). Hinzu kommen innovative Ansätze für eine Verbesserung des Dialogs durch die Schaffung neuer „Begegnungsräume", wie sie jüngst von Hartl und Faus (2020, S. 29) vorgeschlagen wurden. So kann das „zivilgesellschaftliche Band zwischen Bürgern und Parteien" (Hillje 2018, S. 22) wieder gestärkt werden. Dafür braucht es eine Veränderung unseres demokratischen Diskurses.

4.3 Wiedererlangung der Diskurshoheit

Die Corona-Pandemie brachte die Wiedererlangung der Diskurshoheit durch die demokratische Mitte mit sich. Um diese auch in der Zeit bis zur Bundestagswahl 2021 zu sichern, ist eine andere emotionale Ansprache der Menschen notwendig, als es die AfD mit ihrer Repräsentation „besorgter" oder negativer Gefühle wahrnimmt. Bislang sind die etablierten Kräfte zu sehr einer „Rationalisierung des politischen Prozesses" (Schaal und Heidenreich 2013, S. 4) verhaftet und können mit der Emotionalisierung des Rechtspopulismus und der Wählerschaft im Gesamten nicht angemessen umgehen. Korte (2020, S. 2) spricht von einem „Gefühlsmanagement des Muts", welches nun notwendig ist. Dies kann dann langfristig wirken, wenn es den etablierten Kräften gelingt, einen eigenständigen politischen Weg deutlich zu formulieren und den Menschen mit den jeweiligen „konkrete(n) Zukunftserwartungen" (Korte 2020, S. 2) gerecht zu werden. Dafür braucht es eine andere Politik, die die Post-Lockdown-Krise mit neuen Maßnahmen, vor allem aber mit einer neuen Erzählung von *Sicherheit und Solidarität* gestaltet. Die in den vergangenen Jahren entstandenen Bewegungen für Klimaschutz, Gerechtigkeit und Antirassismus sind starke Signale aus der Zivilgesellschaft und eine laute Stimme für eine solche Politik. Hier werden Debatten angestoßen und gesellschaftliche Veränderung mit vorbereitet (Sternberg 2020b, S. 4). Dafür muss Politik Orte anbieten. In der aktuellen „Exekutivlastigkeit" der Maßnahmen liegt aber eine Gefahr für die etablierten Kräfte. Ein nur instrumentenorientierter Diskurs würde die technokratischen Vorurteile aktivieren und entstehendes Vertrauen in die Politik wieder reduzieren.

4.4   Etablierung einer demokratischen Streitkultur

Mit dem „Gefühlsmanagement des Muts" (Korte 2020, S. 2) ist das beschrieben, was ich als erneuertes republikanisches Verständnis unserer parlamentarischen Demokratie bezeichnen will: Dabei steht der leidenschaftliche Streit um das Gemeinwohl im Mittelpunkt (Schaal und Heidenreich 2013, S. 4). Der Soziologe Tilman Alert rechnet damit, dass mehr gestritten wird in der Post-Corona-Zeit: „Nicht nur über die Digitalisierung, sondern vielleicht grundlegender über die Frage, wer wir sind, wo wir herkommen, und wie wir leben wollen" (Bolduan 2020, S. 8). So gewendet, kann es gelingen, eine vielversprechende Themenagenda jenseits der AfD in den Bundestagswahlkampf zu tragen. Eine solches Mehr an sinnvollem demokratischem Streit kann im anstehenden Wahlkampf beginnen. Am Ende muss eine neue „Konfliktfähigkeit" in der Politik und unserer Gesellschaft stehen und es müssen auch „wüste Formen des Konflikts" ausgehalten werden (Habermas 2020, S. 15). Denn derzeit stehen sich „(d) ie beiden Pole national Orientierte und weltoffen Orientierte … so feindselig gegenüber, dass kein konstruktiver, unmoderierter Dialog (mehr) möglich ist" (Hartl und Faus 2020, S. 26). Um einen solchen Zustand zu beheben braucht es mehr als einzelne „Streit"-Ressorts in Wochenzeitungen. Dies muss wesentlich früher und bei der Stärkung der Demokratieförderung mit neuen Ansätzen in der politischen Bildung erfolgen.

Für den anstehenden Wahlkampf sollten alle Kräfte sich zu Herzen nehmen, was Hartl und Faus (2020, S. 25) als Hauptaufgabe feststellen: „Im Grunde genommen muss (neu) ausgehandelt werden, wie das Zusammenleben in Deutschland aussehen soll." Erfahrungen aus den Wahlkämpfen der jüngsten Vergangenheit zeigen, wie schwierig es für Parteien ist, selbst Themen zu setzen. Es geht – ganz demokratisch übrigens – vornehmlich um die Themen, die aktuell die höchste gesellschaftliche Relevanz haben. Diese kann man anders adressieren als der Rechtspopulismus. Wenn man den Themen mit einer eigenen Vision einer emanzipierten Gesellschaft unterlegt, in der „man ohne Angst verschieden sein kann" (Adorno 2001, S. 185), erzeugt dies eine eigene, „positive" Polarisierung des politischen Diskurses. Damit zerfällt das Argument der AfD, dass „die da oben" nicht mehr zu unterscheiden sind. Natürlich ist dies in Zeiten der Großen Koalition schwierig, wie im Übrigen auch generell die Fortsetzung der Großen Koalition über die Bundestagswahl 2021 schwierig wäre.

Erfolgreiche Wahlkampagnen zeichnen sich dadurch aus, dass sie die positiven emotionalen Einstellungen der Menschen aufnehmen. Dabei darf es kein „Agenda Cutting" seitens der etablierten Parteien geben. Decker und Lewandowsky (2017) formulieren dies sehr eindringlich: „So entschieden man der rechtspopulistischen Perfidie entgegentreten muss, soziale Konflikte in rein kulturelle oder nationale Konflikte umzudeuten, so wenig sollte man umgekehrt der Versuchung unterliegen, kulturelle Differenz (und den Umgang mit ihr) auf ein ausschließlich soziales Problem zu reduzieren." Zugleich muss man in einer solchen Kampagne selbst andere Themen, die gesellschaftlich wichtig sind, emotional (positiv) aufladen und in die leidenschaftliche Auseinandersetzung der etablierten Kräfte ziehen. So kann die AfD diese nämlich nicht bedienen. Sie ist eine „Zorn-Bank" (Sloterdijk 2006, S. 99), die vor allem negative Affekte repräsentieren kann.

Generell gilt für die politische Auseinandersetzung im Vorfeld der Bundestagswahl im Jahr 2021, was Dubiel (2002) schon zu Beginn des Jahrtausends mit Blick auf die Auseinandersetzung mit dem Rechtspopulismus festgestellt hat: „Man sollte sich nicht der Illusion hingeben, dass es eine Demokratie ohne populistische Momente geben könnte. Entscheidend ist, dass die Demokraten der Situation gewachsen sind."

Was Sie aus diesem *essential* mitnehmen können

- Die AfD hat die politische Landschaft stark verändert. Dies hat unmittelbare Auswirkungen auf das Zusammenleben in Deutschland und verändert die Art und Weise gesellschaftlicher Diskurse.
- Die rechtspopulistische Partei profitiert von einer Normalisierung ihrer ideologischen Vorstellungen. Hinzu kam die allgemeine Desorientierung im Umgang mit der AfD.
- Durch die Corona-Krise geriet das politische Geschäftsmodell der AfD unter Druck und ihr brach in den Umfragen ein Teil der Wählerschaft weg. Doch kann – je nach Verlauf – aus der Corona-Krise und ihrer wirtschaftlichen Folge eine neue politische Gelegenheitsstruktur erwachsen. Darauf wird sie ihre Strategie für die Zeit bis zur Bundestagswahl ausrichten.
- Die etablierten Kräfte haben es mit in der Hand, in welche Zukunft der parteiförmige Rechtspopulismus geht. Beim Umgang mit der AfD im anstehenden Bundestagswahlkampf müssen neue Pfade beschritten werden.

Literatur

Adorno, Theodor W. 2001 (1951). Minima Moralia. Reflexionen aus dem beschädigten Leben. Frankfurt a. M.: Suhrkamp Verlag.

Alternative für Deutschland (AfD). 2016. AfD-Manifest: Demokratie wieder herstellen. Dem Volk die Staatsgewalt zurückgeben. Die Strategie der AfD für das Wahljahr 2017. o. O.: unveröffentlichtes Manuskript.

AfD-Fraktion. 2020a. Entschließungsantrag zu der Beratung des Antrags der Fraktionen der CDU/CSU und SPD – Drucksachen 19/18108, 19/18131 – Beschluss des Bundestages gemäß Artikel 115 Absatz 2 Satz 6 und 7 des Grundgesetzes. Deutscher Bundestag: Drucksache 19/18159.

AfD-Fraktion. 2020b. Positionspapier Corona-Krise. https://www.afdbundestag.de/positionspapier-corona-krise/?fbclid=IwAR1afzBebhaqlRnN3FsZ18–6R0TWkjtW_zng_NkNFrHqjkRM0LdT-_XIy8. Zugegriffen: 27. Juli 2020.

AfD-Fraktion. 2020c. Corona-Positionspapier 2: Shutdown sofort beenden – Soviel Freiheit wie möglich, nicht mehr Einschränkungen als nötig! https://www.afdbundestag.de/corona-positionspapier-2-shutdown-sofort-beenden-soviel-freiheit-wie-moeglich-nicht-mehr-einschraenkungen-als-noetig/. Zugegriffen: 27. Juli 2020.

Am Orde, Sabine. 2018. Rente von ganz rechts. https://taz.de/Hoecke-die-AfD-und-ihre-Sozialpolitik/!5478015/. Zugegriffen: 27. Juli 2020.

Am Orde, Sabine. 2020. Das Chaos nach der Causa Kalbitz. In: taz am Wochenende vom 23./ 24. Mai 2020, S. 4.

Arzheimer, Kai und Berning, Carl. 2019. How the Alternative for Germany (AfD) and their voters veered to the radical right, 2013–2017. In: Electoral Studies. Authors' Version. https://www.kai-arzheimer.com/alternative-for-germany-party-voters-transformation.pdf. Zugegriffen: 27. Juli 2020.

Aust, Stefan. 2020. „Am Ende wird das alles Kraftfutter für die AfD sein". https://www.welt.de/regionales/hamburg/article208006379/Corona-Proteste-Am-Ende-wird-das-alles-Kraftfutter-fuer-die-AfD-sein.html. Zugegriffen: 27. Juli 2020.

Baumgärtner, Maik, Bohr, Felix, Eberle, Lukas, Feldenkirchen, Markus, Knobbe, Martin, Lehmann, Timo, Müller, Ann-Kathrin, Röbel, Sven, Siemens, Ansgar, Weiland, Severin und Wiedmann, Schmidt, Wolf. 2020. Ein rechtes Gemetzel. In: DER SPIEGEL Nr. 22/23.05.2020, S. 8–15.

Bensmann, Marcus und Schaeffer, Carol. 2020. Die AfD, das Coronavirus und die gesprengte Echokammer. https://correctiv.org/aktuelles/neue-rechte/2020/04/09/die-afd-das-coronavirus-und-die-gesprengte-echokammer. Zugegriffen: 27. Juli 2020.

Berbuir, Nicole, Lewandowsky, Marcel und Siri, Jasmin. 2015. The AfD and Its Sympathisers: Finally a Right-wing Populist Movement in Germany? German Politics 24:2, S. 154–178.

Biskamp, Floris. 2019. Die AfD mobilisiert bestehendes Potenzial. https://www.tagesspiegel.de/politik/wider-die-maer-vom-rechtsruck-die-afd-mobilisiert-bestehendes-potenzial/25234450.html. Zugegriffen: 27. Juli 2020.

Block, Thomas. 2017. Bundestag: Die AfD ist auf der Suche nach Normalität. https://www.swp.de/politik/inland/bundestag_-die-afd-ist-auf-der-suche-nach-normalitaet-24076551.html. Zugegriffen: 27. Juli 2020.

Bolduan, Viola. 2020. „Die Ungewissheit ist unheimlich". Der Frankfurter Soziologe Tilmann Alert über das Verhalten der Gesellschaft in Zeiten von Corona. In: Allgemeine Zeitung vom 23. April 2020, S. 8.

Butterwegge, Christoph. 2018. Die neue Republik der AfD. https://www.fr.de/meinung/neue-republik-10983978.html. Zugegriffen: 27. Juli 2020.

Butterwegge, Christoph. 2019. Die zerrissene Republik. Wirtschaftliche, soziale und politische Ungleichheit in Deutschland. Weinheim: Beltz Juventa.

Butterwegge, Christoph, Hentges, Bettina und Wiegel, Gerd. 2018. Rechtspopulisten im Parlament. Frankfurt am Main: Westend Verlag.

Chrupalla, Tino und Weidel, Alice. 2020. 5-Punkte-Programm zur Corona-Krisenbewältigung. https://afdkompakt.de/2020/03/19/afd-legt-5-punkte-programm-zur-corona-krisenbewaeltigung-vor/. Zugegriffen: 27. Juli 2020.

Decker, Frank. 2004. Der neue Rechtspopulismus. Opladen: Leske und Budrich.

Decker, Frank, Best, Volker, Fischer, Sandra und Küppers, Anne. 2019. Vertrauen in Demokratie: Wie zufrieden sind die Menschen in Deutschland mit Regierung, Staat und Politik? Bonn.

Decker, Frank und Lewandowsky, Marcel. 2017. Rechtspopulismus: Erscheinungsformen, Ursachen und Gegenstrategien. https://www.bpb.de/politik/extremismus/rechtspopulismus/240089/rechtspopulismus-erscheinungsformen-ursachen-und-gegenstrategien. Zugegriffen: 27. Juli 2020.

Decker, Frank und Ruhose, Fedor. 2019. Vom Moderaten zum polarisierten Pluralismus. Wie integrationsfähig ist das deutsche Parteiensystem? In: Indes 3-2019. Göttingen, S. 34–42.

Deutsche Presseagentur (dpa) (via RP online). 2020a. AfD hält staatliche Corona-Maßnahmen für weitgehend überflüssig. https://rp-online.de/panorama/coronavirus/afd-haelt-staatliche-corona-massnahmen-fuer-weitgehend-ueberfluessig_aid-50202061. Zugegriffen: 27. Juli 2020.

Deutsche Presseagentur (dpa) (via sueddeutsche.de). 2020b. Bundeskonvent der AfD: „Es gibt keine Spaltung". https://www.sueddeutsche.de/politik/parteien-lommatzsch-bundeskonvent-der-afd-es-gibt-keine-spaltung-dpa.urn-newsml-dpa-com-20090101-200620-99-502988. Zugegriffen: 27. Juli 2020.

Deutsche Presseagentur (dpa) (via zeit.de). 2020c. AfD im Tief: Verfassungsschutz und Spenden-Streit. https://www.zeit.de/news/2020-07/17/afd-im-tief-verfassungsschutz-und-spenden-streit. Zugegriffen: 27. Juli 2020.

Drebes, Jan und Rasche, Henning. 2020. Die staatszersetzende Taktik der AfD. In: Rhein-Zeitung vom 10. Juni 2020, S. 2.

Dubiel, Helmut. 1986. Das Gespenst des Populismus. In: Dubiel, Helmut (Hrsg.,). Populismus und Aufklärung. Frankfurt am Main. S. 33–50.

Dubiel, Helmut. 2002. Die Stunde der Verführer. Populismus ist Teil der Massendemokratie – und ihr Problem. https://www.zeit.de/2002/37/200237_rattenfaenger.xml/komplettansicht. Zugegriffen: 27. Juli 2020.

Fiedler, Maria. 2019a. AfD-„Flügel" ruft seine Anhänger zum „Widerstand" auf. https://www.tagesspiegel.de/politik/erkenntnisse-fuer-den-verfassungsschutz-afd-fluegel-ruft-seine-anhaenger-zum-widerstand-auf/24532722.html. Zugegriffen: 27. Juli 2020.

Fiedler, Maria. 2019b. Warum die AfD vom „Marsch durch die Organisationen" träumt. https://www.tagesspiegel.de/politik/internes-strategiepapier-warum-die-afd-vom-marsch-durch-die-organisationen-traeumt/25246594.html. Zugegriffen: 27. Juli 2020.

Fiedler, Maria. 2020a. Warum die AfD in der Corona-Krise an Reichweite verliert. https://www.tagesspiegel.de/themen/agenda/die-wutmaschine-funktioniert-nicht-mehr-warum-die-afd-in-der-corona-krise-an-reichweite-verliert/25720228.html. Zugegriffen: 27. Juli 2020.

Fiedler, Maria. 2020b. Wer gewinnt im AfD-Machtkampf die Oberhand? https://www.tagesspiegel.de/politik/fluegel-strippenzieher-kalbitz-ist-wieder-da-wer-gewinnt-im-afd-machtkampf-die-oberhand/25936870.html. Zugegriffen: 27. Juli 2020.

Fiedler, Maria. 2020c. Sieg mit Nebenwirkungen. In: Der Tagesspiegel vom 27. Juli 2020, S. 4.

Fiedler, Maria und Funk, Albert. 2019. Wer die AfD-Wähler sind und was sie umtreibt. „Es ist manchmal sehr ermüdend". https://www.tagesspiegel.de/politik/nach-den-wahlen-in-sachsen-und-brandenburg-wer-die-afd-waehler-sind-und-was-sie-umtreibt/24972024.html. Zugegriffen: 27. Juli 2020.

Fiedler, Maria und Starzmann, Paul. 2020. Wie die FDP ihr AfD-Problem lösen will. https://www.tagesspiegel.de/politik/lehren-aus-dem-thueringer-tabubruch-wie-die-fdp-ihr-afd-problem-loesen-will/25904514.html. Zugegriffen: 27. Juli 2020.

Funke, Hajo. 2020. Die Höcke-AfD. Vom gärigen Haufen zur rechtsextremen „Flügel"-Partei. Eine Flugschrift. Hamburg: VSA-Verlag.

Görmann, Marcel. 2019. Paukenschlag in Umfrage: Deutsche überraschen bei Grünen und AfD. https://www.merkur.de/politik/paukenschlag-in-umfrage-deutsche-ueberraschen-bei-gruenen-und-afd-zr-13183371.html. Zugegriffen: 27. Juli 2020.

Habermas, Jürgen. 2020. Moralischer Universalismus in Zeiten politischer Regression. Jürgen Habermas im Gespräch über die Gegenwart und sein Lebenswerk. In: Leviathan. 1/2020. 48. Jg., S. 7–28.

Hafeneger, Benno und Jestädt, Hannah. 2020. AfD im Hessischen Landtag. Ein neuer Politikstil und seine Auswirkungen. Frankfurt am Main: Wochenschau Verlag.

Han, Kyung Joon. 2015. The Impact of Radical Right-Wing Parties on the Positions of Mainstream Parties Regarding Multiculturalism. West European Politics. 38:3, S. 557–576.

Hartl, Matthias und Faus, Jana. 2020. Auf der Suche nach dem verlorenen Dialog. Erkenntnisse einer qualitativen Studie über die fragmentierte Gesellschaft in Deutschland. Berlin: Friedrich-Ebert-Stiftung.

Hawkins, Kirk, Rovira Kaltwasser, Christóbal. und Andreadis, Ioannis. 2020. The Activation of Populist Attitudes. Government and Opposition 55, S. 283–307.

Hein, Jan-Philipp und Rackow, Alexander-Georg. 2019. Inside AfD. In: Focus 35/2019, S. 28–37.

Hillje, Johannes. 2018. Rückkehr zu den politisch Verlassenen. Gespräche in rechtspopulistischen Hochburgen in Deutschland und Frankreich. Berlin: Das Progressive Zentrum. https://www.progressives-zentrum.org/wp-content/uploads/2018/03/Ru%CC%88ckkehr-zu-den-politisch-Verlassenen_500-Gespra%CC%88che-in-rechtspopulistischen-Hochburgen-in-Deutschland-und-Frankreich_Studie-von-Johannes-Hillje_Das-Progressive-Zentrum.pdf. Zugegriffen: 27. Juli 2020.

Hillje, Johannes. 2019. Der nette Rechtspopulist von nebenan. https://www.tagesspiegel.de/politik/strategie-der-afd-der-nette-rechtspopulist-von-nebenan/25246528.html. Zugegriffen: 27. Juli 2020.

Höchst, Nicole. 2020. Mehr Islam in Deutschland läuft den Frauenrechten zuwider. https://afdkompakt.de/2020/02/10/mehr-islam-in-deutschland-laeuft-den-frauenrechten-zuwider/. Zugegriffen: 27. Juli 2020.

Höcke, Björn. 2018. Nie zweimal in denselben Fluss. Björn Höcke im Gespräch mit Sebastian Hennig. Lüdinghausen und Berlin: Manuscriptum Verlag.

Infratest Dimap. 2019. Das Grundgesetz: Ein Jubilar mit Bestnoten. Studie: 70 Jahre – die Bundesrepublik und ihr Grundgesetz. https://www.infratest-dimap.de/umfragen-analysen/bundesweit/grundgesetzstudie/. Zugegriffen: 27. Juli 2020.

Jarren, Otfried. 2017. Strukturwandel der Öffentlichkeit unter digitalen Bedingungen. https://www.frankfurter-hefte.de/artikel/strukturwandel-der-oeffentlichkeit-unter-digitalen-bedingungen-2429/. Zugegriffen: 27. Juli 2020.

Kamann, Matthias. 2019. Die AfD und die „sogenannte Klimaschutzpolitik". https://www.welt.de/politik/deutschland/article201093000/CO2-Emissionen-Die-AfD-und-die-sogenannte-Klimaschutzpolitik.html. Zugegriffen: 27. Juli 2020.

Kamann, Matthias. 2020a. „Die Anhänger vom Flügel sind unsere Mitglieder, keine Gegner". https://www.welt.de/politik/deutschland/plus206796489/AfD-Die-Anhaenger-vom-Fluegel-sind-unsere-Mitglieder-keine-Gegner.html. Zugegriffen: 27. Juli 2020.

Kamann, Matthias. 2020b. Ein Rauswurf als „Kriegserklärung". In: WELT am Sonntag vom 17. Mai 2020, S. 6.

Kamann, Matthias. 2020c. Die Völkischen beschwören den „Kampf". In: DIE WELT vom 27. Juli 2020, S. 5.

Kiyak, Mely. 2020. Falsche Entwarnung. https://www.zeit.de/kultur/2020-06/afd-umfragewerte-niedrig-sonntagstrend-schlechtester-wert-wahlverhalten-prognose. Zugegriffen: 27. Juli 2020.

Köpke, Jörg und Sternberg, Jan. 2016. Der Stuttgarter Rechtsruck. https://www.haz.de/Nachrichten/Politik/Deutschland-Welt/AfD-Parteitag-in-Stuttgart. Zugegriffen: 27. Juli 2020.

Korte, Karl-Rudolf. 2020. Über die Aura der Krisengewinner. In: Allgemeine Zeitung vom 23. April 2020, S. 2.

Kraske, Michael. 2020. Der Riss: Wie die Radikalisierung im Osten unser Zusammenleben zerstört. München: Ullstein Verlag.

Krastev, Ivan. 2020. Ist heute schon morgen? Wie die Pandemie Europa verändert. München: Ullstein Verlag.

Kubitschek, Götz. 2019. Nach den Wahlen: fünf Anmerkungen. https://sezession.de/61545/nach-den-wahlen-fuenf-anmerkungen. Zugegriffen: 27. Juli 2020.

Kubitschek, Götz. 2020a. „Über den Flügel hinaus" – ein Gespräch mit Björn Höcke. https://sezession.de/62309/ueber-den-fluegel-hinaus-ein-gespraech-mit-bjoern-hoecke. Zugegriffen: 27. Juli 2020.

Kubitschek, Götz. 2020b. Wie man eine Partei anzündet. https://sezession.de/62856/wie-man-eine-partei-anzuendet. Zugegriffen: 27. Juli 2020.

Lau, Mariam. 2020. „Du kannst ein Stinktier nicht überstinken". In: DIE ZEIT 24/2020 vom 4. Juni 2020, S. 6.

Lewandowsky Marcel. 2016. Die Verteidigung der Nation: Außen- und europapolitische Positionen der AfD im Spiegel des Rechtspopulismus. In: Häusler, Alexander. (Hrsg.) Die Alternative für Deutschland. Wiesbaden: Springer VS, S. 39–51.

Lewandowsky, Marcel. 2020. Rechtsradikalismus und Populismus müssen gemeinsam bekämpft werden. https://www.tagesspiegel.de/politik/die-afd-und-ihre-waehler-rechtsradikalismus-und-populismus-muessen-gemeinsam-bekaempft-werden/25633654.html. Zugegriffen: 27. Juli 2020.

Loew, Nicole. 2019. Wie hältst du's mit der Demokratie? Populismus und Liberalismus im Wettbewerb der Politikverständnisse. Discussion Paper. Berlin: Das Progressive Zentrum. https://www.progressives-zentrum.org/wp-content/uploads/2019/12/Das-Progressive-Zentrum_Discussion-Paper_Wie-haeltst-dus-mit-der-Demokratie_Nicole-Loew.pdf. Zugegriffen: 27. Juli 2020.

Loew, Nicole und Faas, Thorsten. 2019. Between Thin- and Host-ideologies: How Populist Attitudes Interact with Policy Preferences in Shaping Voting Behaviour. Representation (online first).

Meyer, Robert. D. 2019. AfD stößt an Wachstumsgrenze. https://www.neues-deutschland.de/artikel/1130712.rechte-wahlerfolge-afd-stoesst-an-wachstumsgrenze.html. Zugegriffen: 27. Juli 2020.

Meyer, Robert D. 2020. Meuthens Pyrrhussieg. https://www.neues-deutschland.de/artikel/1136784.afd-meuthens-pyrrhussieg.html. Zugegriffen: 27. Juli 2020.

Mielke, Gerd und Ruhose, Fedor. 2019. Mut zum Angriff aus der Friedhofsecke. Die Chancen der SPD. In: Theorie und Praxis der Sozialen Arbeit Nr. 4/2019, S. 256–259.

Müller, Ann-Katrin. 2020. Völlige Demontage. In: DER SPIEGEL 16/2020, S. 25.

Mudde, Cas. 2007. Populist Radical Right Parties in Europe. Cambridge.

Mudde, Cas. 2019. The 2019 EU Elections: Moving the Center. Journal of Democracy 30/4, S. 20–34.

Mudde, Cas und Rovira Kaltwasser, Cristóbal. 2019. Populismus: Eine sehr kurze Einführung. Bonn: J. H. W. Dietz Verlag.

Medienpädagogischer Forschungsverbund Südwest (mpfs). 2019. JIM-Studie 2019. https://www.mpfs.de/fileadmin/files/Studien/JIM/2019/JIM_2019.pdf. Zugegriffen: 27. Juli 2020.

Olschanski, Reinhard. 2020. Populismus: ein Zwei-Komponenten-Sprengstoff. https://libmod.de/populismustheorie-afd-pegida-faschismus/. Zugegriffen: 27. Juli 2020.

Patzelt, Werner J. 2017. Vorausschau auf den 19. Deutschen Bundestag. http://wjpatzelt.de/2017/11/02/vorausschau-auf-den-19-deutschen-bundestag/. Zugegriffen: 27. Juli 2020.

Pomerantsev, Peter. 2020. „Die massenhafte Verbreitung von Bullshit ist das Problem". https://www.zeit.de/kultur/2020-04/peter-pomerantsev-das-ist-keine-propaganda-sachbuch-desinformation-social-media. Zugegriffen: 27. Juli 2020.

Quent, Matthias. 2020a. „Wir erleben nicht nur eine Corona-Pandemie, sondern auch eine Pandemie des Hasses". https://gegneranalyse.libmod.de/wir-erleben-nicht-nur-eine-corona-pandemie-sondern-auch-eine-pandemie-des-hasses/. Zugegriffen: 27. Juli 2020.

Quent, Matthias. 2020b. „Rechte Narrative dominieren die Proteste". https://www.spiegel.de/politik/deutschland/corona-proteste-rechte-narrative-dominieren-a-4179fb8c-18b9-4624-ac46-4a2dc5f09bb3. Zugegriffen: 27. Juli 2020.

Quent, Matthias. 2020c. Kommt nach der Pandemie der Populismus? https://blog.vielfaltleben.de/2020/05/20/kommt-nach-der-pandemie-der-populismus/. Zugegriffen: 27. Juli 2020.

Quiring, Oliver, Viehmann, Christina, Ziegele, Marc. 2020. Informationsnutzung in der Corona-Krise. https://www.kowi.ifp.uni-mainz.de/aktuelle-projekte/informations-nutzung-in-der-corona-krise/. Zugegriffen: 27. Juli 2020.

Reiter, Florian. 2020. AfD in der Corona-Krise: Mit „Merkel muss weg" können Rechte nicht mehr punkten. https://www.focus.de/politik/deutschland/nur-ein-absurder-tweet-verschafft-noch-gehoer-nur-afd-klaert-auf-ekel-tweet-von-bundestags-mann-beweist-realitaetsferne-der-rechtspopulisten_id_11901838.html. Zugegriffen: 27. Juli 2020.

Redaktionsnetzwerk Deutschland (RND). 2020. Klage gegen Seehofer: Erfolg für AfD vor Bundesverfassungsgericht. https://www.rnd.de/politik/seehofer-verliert-gegen-afd-klage-wegen-afd-kritischem-interview-hat-erfolg-vor-bundesverfassungsgericht-OEOXVBIO3RD35NVN4GZ7K66DY4.html. Zugegriffen: 27. Juli 2020.

Rodrik, Dani. 2018. Die große Globalisierungslüge. https://makronom.de/dani-rodrik-die-grosse-globalisierungsluege-24731. Zugegriffen: 27. Juli 2020.

Ruhose, Fedor. 2019. Die AfD im Deutschen Bundestag. Zum Umgang mit einem neuen politischen Akteur. Wiesbaden: Springer VS Verlag.

Ruhose, Fedor. 2020. AfD schmiert in Krise ab, doch Corona ist gefährlicher Nährboden für Populisten. Zugegriffen: 22. Juni 2020. https://www.focus.de/politik/deutschland/gastbeitrag-afd-schmiert-in-krise-ab-doch-corona-ist-gefaehrlicher-naehrboden-fuer-populisten_id_11877808.html. Zugegriffen: 27. Juli 2020.

Ruhose, Fedor und Stich, Daniel. 2019. Wie erneuert man eigentlich eine Partei-organisation? Das Beispiel SPD. https://regierungsforschung.de/wie-erneuert-man-eigentlich-eine-parteiorganisation/. Zugegriffen: 27. Juli 2020.

Schaal, Gary S. und Heidenreich, Felix. 2013. Politik der Gefühle. Zur Rolle von Emotionen in der Demokratie. In: Aus Politik und Zeitgeschichte. 32–33/2013, S. 3–11.

Schroeder, Wolfgang und Weßels, Bernhard (Hrsg.). 2019. Smarte Spalter. Die AfD zwischen Bewegung und Parlament. Bonn: Dietz Verlag.

Sloterdijk, Peter. 2006. Zorn und Zeit. Berlin: Suhrkamp Verlag.

Soldt, Rüdiger. 2020. Vorsitzender auf Wanderschaft. In: Frankfurter Allgemeine Zeitung vom 13. Juni 2020, S. 4.

Steiner, Nils D. und Landwehr, Claudia. 2018. Populistische Demokratiekonzeptionen und die Wahl der AfD: Evidenz aus einer Panelstudie. Politische Vierteljahresschrift, 59(3): 463–491.

Sternberg, Jan. 2020a. Gauland und die AfD: Der Herbst des Patriarchen. https://www.rnd.
  de/politik/afd-kalbitz-klagt-gegen-ausschluss-gauland-halt-sich-erneute-bundestags-
  kandidatur-offen-RNDXS4XCAJD3LPGB57MWP4NA4E.html. Zugegriffen: 27. Juli
  2020.
Sternberg, Jan. 2020b. „Die Gruppen verstärken sich". In: Frankfurter Rundschau vom 13.
  Juni 2020, S. 3.
Vehrkamp, Robert und Wratil, Christopher. 2017. Die Stunde der Populisten? Populistische
  Einstellungen bei Wählern und Nichtwählern vor der Bundestagswahl 2017. Gütersloh:
  Bertelsmann Stiftung.
Vollradt, Christian. 2020. Still ruht der See. In: Junge Freiheit vom 5. Juni 2020, S. 6.
Vollradt, Christian. 2020. Mal ins Blaue gefragt. In: Junge Freiheit vom 5. Juni 2020, S. 12.
Wehner, Markus. 2020. Die Axt in der Partei. In: Frankfurter Allgemeine Zeitung vom 29.
  Mai 2020, S. 2.
Weidel, Alice. 2020. Die Lehren aus der Corona-Krise. https://jungefreiheit.de/debatte/
  kommentar/2020/die-lehren-aus-der-corona-krise/. Zugegriffen: 27. Juli 2020.
Weiland, Severin. 2020. „Ich kann Meuthen nur warnen …". https://www.spiegel.de/
  politik/deutschland/afd-machtkampf-alexander-gaulands-kampfansage-a-cfe64c59-
  1cb0-4c5e-8824-b0a99ca0f0a3. Zugegriffen: 27. Juli 2020.
Wendt, Alexander. 2020. AfD-Chef Jörg Meuthen plädiert für Trennung vom „Flügel".
  https://www.tichyseinblick.de/daili-es-sentials/afd-chef-joerg-meuthen-plaediert-fuer-
  trennung-vom-fluegel/. Zugegriffen: 27. Juli 2020.
Zürn, Michael. 2018. Autoritärer Populismus vs. Offene Gesellschaft – Eine neue Konflikt-
  linie? Eine ökonomische, kulturelle und politische Analyse. böll.brief – Demokratie und
  Gesellschaft #7. Berlin.